〔元〕脱脱 等撰

點校本
二十四史
修訂本

遼史

第二册
卷三一至卷四四

中華書局

2016 年 4 月第 1 版　　2023 年 11 月第 4 次印刷

ISBN 978-7-101-11607-6

遼史卷三十一

志第一

營衛志上

上古之世，草衣木食，巢居穴處，熙熙于于，不求不爭。爰自炎帝政衰，蚩尤作亂，始制干戈，以毒天下。軒轅氏作，戮之涿鹿之阿。處則象吻于宮，行則懸旄于纛，以爲天下萬世戒。於是師兵營衛，不得不設矣。

冀州以南，歷洪水之變，夏后始制城郭。其人土著而居綏服之中，外奮武衛，内揆文教，守在四邊。營衛之設，以備非常而已。并、營以北，勁風多寒，隨陽遷徙，歲無寧居，曠土萬里，寇賊姦宄乘隙而作。營衛之設，以爲常然。其勢然也。

有遼始大，設制尤密。居有宮衛，謂之斡魯朵；出有行營，謂之捺鉢；分鎮邊圉，謂之部族。有事則以攻戰爲務，閑暇則以畋漁爲生。無日不營，無在不衞。立國規模，莫重於此。作營衞志。

宮衞

遼國之法：天子踐位，置宮衞，分州縣，析部族，設官府，籍户口，備兵馬。崩則扈從后妃宮帳，以奉陵寢。有調發，則丁壯從戎事，老弱居守。

太祖曰弘義宮，應天皇后曰長寧宮，太宗曰永興宮，世宗曰積慶宮，穆宗曰延昌宮，景宗曰彰愍宮，承天太后曰崇德宮，聖宗曰興聖宮，興宗曰延慶宮，道宗曰太和宮，天祚曰永昌宮。又孝文皇太弟有敦睦宮〔一〕，丞相耶律隆運有文忠王府。凡州三十八，縣十，提轄司四十一，石烈二十三，瓦里七十四，抹里九十八，得里二，閘撒十九。爲正户八萬，蕃漢轉户十二萬三千，共二十萬三千户〔二〕。

算斡魯朵，太祖置。國語心腹曰「算」，宮曰「斡魯朵」。是爲弘義宮。以心腹之衞置，益以渤海俘、錦州户。其斡魯朵在臨潢府，陵寢在祖州東南二十里〔三〕。正户八千，蕃漢轉户七千，出騎軍六千。

州五：錦、祖、嚴、祺、銀。

縣一：富義。

提轄司四：南京、西京、奉聖州、平州。

石烈二：曰須，曰速魯。

瓦里四：曰合不，曰撻撒，曰慢押，曰虎池。

抹里四：曰膻，曰預墩，曰鶻突，曰糺里闌。

得里二：曰述壘北，曰述壘南。

國阿輦斡魯朵，太宗置。收國曰「國阿輦」。是爲永興宮。初名孤穩斡魯朵。以太祖平渤海俘户，東京、懷州提轄司及雲州懷仁縣、澤州灤河縣等户置。其斡魯朵在游古河側，陵寢在懷州南三十里。正户三千，蕃漢轉户七千，出騎軍五千。

州四：懷、黔、開、來。

縣二：保和〔四〕、灤河。

提轄司四：南京、西京、奉聖州、平州。

石烈一：北女古。

瓦里四：曰抹，曰母，曰合李只，曰述壘。

抹里十三：曰述壘軫，曰大隔蔑，曰小隔蔑，曰母，曰歸化不朮，曰唐括，曰吐谷，曰百爾瓜忒，曰合魯不只，曰移馬不只，曰臚，曰清帶，曰速穩。

閘撒七：曰伯德部，曰守狘，曰穴骨只，曰合不頻尼，曰虎里狘，曰耶里只掞室，曰僧隱令公。

耶魯盌斡魯朵，世宗置。興盛曰「耶魯盌」。是爲積慶宫。以文獻皇帝衛從及太祖俘户，及雲州提轄司，并高、宜等州户置。其斡魯朵在土河東，陵寢在長寧宫北〔五〕。正户五千，蕃漢轉户八千，出騎軍八千。

州三：康、顯、宜。

縣一：山東。

提轄司四〔六〕。

石烈一：兮臘。

瓦里八：曰達撒，曰合不，曰吸烈，曰逼里，曰潭馬，曰槊不，曰耶里直，曰耶魯兀也。

抹里十：曰紇斯直，曰鑾葛，曰厥里，曰潭馬忒，曰出懶，曰速忽魯椀，曰牒里得，曰閻馬，曰迭里特，曰女古。

蒲速盌斡魯朵，應天皇太后置。興隆曰「蒲速盌」。是爲長寧宮。以遼州及海濱縣等户置。其斡魯朵在高州，陵寢在龍化州東一百里〔七〕。世宗分屬讓國皇帝宮院。正户七千，蕃漢轉户六千，出騎軍五千。

州四：遼、儀坤、遼西、顯。

縣三：奉先、歸義、定霸。

提轄司四。

石烈一：北女古。

瓦里六：曰潭馬，曰合不，曰達撒，曰慢押，曰耶里只，曰渾只。

抹里十三：曰渾得移鄰稍瓦只，曰合四卑臘因鐵里卑稍只，曰奪羅果只，曰拏葛只，曰合里只，曰婆渾昆母温，曰阿魯埃得本，曰東厮里門，曰西厮里門，曰東鑁里，曰西鑁里，曰牒得只，曰滅母鄰母。

奪里本斡魯朵，穆宗置。是爲延昌宮。討平曰「奪里本」。以國阿輦斡魯朵户及阻卜俘户，中京提轄司、南京制置司，咸、信、韓等州户置。其斡魯朵在紇雅里山南，陵寢在京南〔八〕。正户一千，蕃漢轉户三千，出騎軍二千。

州二：遂、韓。

提轄司三：中京、南京、平州。

石烈一：曰須。

瓦里四：曰抹骨古等，曰兀没，曰潭馬，曰合里直。

抹里四：曰抹骨登兀没滅，曰土木直移鄰，曰息州決里，曰莫瑰奪石。

監母斡魯朵，景宗置。是爲彰愍宫。遺留曰「監母」。以章肅皇帝侍衛及武安州户置。其斡魯朵在合魯河，陵寢在祖州南〔九〕。正户八千，蕃漢轉户一萬，出騎軍一萬。

州四：永、龍化、降聖、同。

縣二：行唐、阜俗〔一〇〕。

提轄司四。

石烈二：曰監母，曰南女古。

瓦里七：曰潭馬，曰奚烈，曰埃合里直，曰鑾雅葛，曰特末，曰烏也，曰滅合里直。

抹里十一：曰尼母曷烈因稍瓦直，曰察改因麻得不，曰移失鄰斡直，曰辛古不直，曰撒改真，曰牙葛直，曰虎狨阿里鄰，曰潑昆，曰潭馬，曰閘臘，曰楚兀真果鄰。

孤穩斡魯朵，承天太后置。是爲崇德宫。玉曰「孤穩」。以乾、顯、雙三州户置。其斡魯朵在土河東，陵祔景宗皇帝。正户六千，蕃漢轉户一萬，出騎軍一萬。

州四：乾、川、雙、貴德。

縣一：潞。上京。

提轄司三：南京、西京、奉聖州。

石烈三：曰鏤里，曰滂，曰迭里特女古。

瓦里七：曰達撒，曰耶里，曰合不，曰歇不，曰合里直，曰慢押，曰耶里直。

抹里十一：曰阿里厮直述壘，曰預篤温稍瓦直，曰潭馬，曰賃預篤温一臘，曰牙葛直，曰牒得直，曰虎温，曰孤温，曰撒里僧，曰阿里葛斯過鄰，曰鐵里乖穩鏤里。

閘撒五：曰合不直迷里幾頻你，曰牒耳葛太保果直，曰爪里阿本果直，曰僧隱令公果直，曰老昆令公果直。

女古斡魯朵，聖宗置。是爲興聖宮。金曰「女古」。以國阿輦、耶魯盌、蒲速盌三斡魯朵户置。其斡魯朵在女混活直，陵寢在慶州南安〔二〕。正户一萬，蕃漢轉户二萬，出騎軍五千。

州五：慶、隰、烏、上京。烏、東京。霸。

提轄司四。

石烈四：曰毫兀真女姑，曰拏兀真女室，曰女特里特，曰女古滂。

瓦里六：曰女古，曰蒲速盌〔三〕，曰鶻篤，曰乙抵，曰蓊，曰埃也。

抹里九：曰乙辛不只，曰鐵乖溫，曰埃合里只，曰嘲瑰，曰合魯山血古只，曰奪忒排登血古只，曰勞骨，曰虛沙，曰土鄰。

閘撒五：曰達鄰頻你，曰和里懶你，曰爪阿不厥真，曰粘獨里僧，曰袍達夫人厥只。

窩篤盌斡魯朵，興宗置。是爲延慶宮。孳息曰「窩篤盌」。以諸斡魯朵及饒州户置。其斡魯朵在高州西，陵寢在上京慶州。正户七千，蕃漢轉户一萬，出騎軍一萬。

州三：饒、長春、泰。

提轄司四。

石烈二：曰窩篤盌，曰鶻篤骨。

瓦里六：曰窩篤盌，曰厮把，曰厮阿，曰糺里，曰得里，曰歐烈。

抹里六：曰歐里本，曰燕厮，曰緬四，曰乙僧，曰北得里，曰南得里。

阿思斡魯朵，道宗置。是爲太和宫。寬大曰「阿思」。以諸斡魯朵御前承應人及興中府户置。其斡魯朵在好水濼，陵寢在上京慶州。正户一萬，蕃漢轉户二萬，出騎軍一萬五千。

石烈二：曰阿厮，曰耶魯。

瓦里八：曰阿厮，曰耶魯，曰得里，曰糺里，曰撒不，曰鶻篤，曰蒲速斡，曰曷烈。

抹里七：曰恩州得里，曰斡奢得里，曰歐里本，曰特滿，曰查剌土鄰，曰糺里，曰阿里厮迷里。

阿魯盌斡魯朵，天祚皇帝置。是爲永昌宫。輔祐曰「阿魯盌」。以諸斡魯朵御前承應人，春、宣州户置。正户八千〔三〕，蕃漢轉户一萬，出騎軍一萬。

石烈二：曰阿魯盌，曰榆魯盌。

瓦里八：曰阿魯斡，曰合里也，曰鶻突，曰敵剌，曰謀魯斡，曰紇里，曰奪里剌，曰特末也。

抹里八：曰蒲速盌，曰移輦，曰斡篤盌，曰特滿，曰謀魯盌，曰移典，曰悦，曰勃得本。

孝文皇太弟敦睦宮，謂之赤寔得本斡魯朵。孝曰「赤寔得本」。文獻皇帝承應人及渤海俘，建、瀋、巖三州户置〔一四〕。陵寢在祖州西南三十里〔一五〕。正户三千，蕃漢轉户五千，出騎軍五千。

州三：建、瀋、巖。

提轄司一：南京。

石烈二：曰嘲，曰與敦。

瓦里六：曰乙辛，曰得里，曰奚烈直，曰大潭馬，曰小潭馬，曰與敦〔一六〕。

抹里二：曰潭馬抹乖，曰柳實。

閘撒二：曰聶里頻你，曰打里頻你。

大丞相晉國王耶律隆運，本韓氏，名德讓。以功賜國姓，出宫籍，隸横帳季父房。贈尚書令，謚文忠。無子，以皇族魏王貼不子耶魯爲嗣，早卒；天祚皇帝又以皇子敖魯斡繼之。官給葬具，建廟乾陵側。擬諸宮例，建文忠王府。正户五千，蕃漢轉户八千，出騎軍一萬。

州一〔一七〕。

提轄司六：上京、中京、南京、西京、奉聖州、平州。

著帳郎君

著帳郎君：初，遥輦痕德堇可汗以蒲古只等三族害于越釋魯，籍没家屬入瓦里。淳欽皇后宥之，以爲著帳郎君。世宗悉免。後族、戚、世官犯罪者没入。

著帳户

著帳户：本諸斡魯朵析出及諸罪没入者。凡承應小底、司藏、鷹坊、湯槃〔一八〕、尚飲、盥漱、尚膳、尚衣、裁造等役，及宫中、親王祗從、伶官之屬，皆充之。

凡諸宫衛人丁四十萬八千，騎軍十萬一千。著帳釋宥、没入，隨時增損，無常額。

校勘記

〔一〕又孝文皇太弟有敦睦宮　「孝文皇太弟」，重熙十五年秦晉國大長公主墓誌、咸雍元年耶律宗允墓誌及五年秦晉國妃墓誌皆作「孝貞皇太弟」。

〔二〕爲正户八萬蕃漢轉户十二萬三千共二十萬三千户　此處所記蕃漢轉户數及總户數疑誤。按下文各宮蕃漢轉户計爲十二萬四千，則總數當爲二十萬四千户。又本書卷三五兵衛志中稱諸宮丁凡四十萬八千，按各宮丁數例皆倍於户數（參見本卷校勘記〔一三〕），亦可證二十萬四千户爲是。

〔三〕陵寢在祖州東南二十里　按本書卷三七地理志一祖州條稱太祖陵在祖州西五里。經考古發掘證實其在祖州西北五里處，與地理志略合。

〔四〕保和　按本書卷三七地理志一上京臨潢府條，保和縣隸彰愍宮。

〔五〕陵寢在長寧宮北　按下文稱長寧宮在高州，據此則世宗陵寢當在高州北。然據本書卷五世宗紀及卷三八地理志二顯州條，世宗葬於顯州西山，即醫巫閭山，今考古發現亦與之合。

〔六〕提轄司四　此下闕提轄司所在地名。據本書卷三五兵衛志中，當爲南京、西京、奉聖州、平州。又下文長寧宮、彰愍宮、興聖宮、延慶宮所闕皆同。

〔七〕陵寢在龍化州東一百里　按本書卷七一淳欽皇后傳謂應天皇后祔葬祖陵。然祖陵在祖州，位於龍化州西北，相去甚遠。

〔八〕陵寢在京南　「京南」所指不明。按本書卷七穆宗紀下應曆十九年二月及卷三七地理志一懷州條，穆宗祔葬懷陵側，當在上京臨潢府西。

〔九〕陵寢在祖州南　按本書卷三八地理志二乾州條，景宗乾陵在東京道乾州附近。又耶律宗教墓誌、耶律宗政墓誌及耶律宗允墓誌皆稱祔葬乾陵，三誌均出土於今遼寧北鎮市，與地理志合，去祖州甚遠。

〔一〇〕縣二行唐阜俗　本書卷三七地理志一上京臨潢府條、卷四一地理志五奉聖州條，保和縣、宣化縣、望雲縣均隸彰愍宮。

〔一一〕陵寢在慶州南安　據本書卷三七地理志一慶州條，慶州無南安，「安」字或係衍文。又卷一八興宗紀一太平十一年七月稱「建慶州于慶陵之南」，則聖宗慶陵當在慶州北。經考古調查證實其在慶州北三十里處，與紀合。

〔一二〕曰蒲速盌　「曰」字原闕，不合「瓦里六」之數。「女古」、「蒲速盌」屢見上下文，今補。

〔一三〕正户八千　「八千」，疑當作「七千」。按本書卷三五兵衛志中記永昌宮正丁一萬四千。錢大昕廿二史考異卷八三遼史兵衛志條稱「營衛志載各宮正户、轉户之數」，「丁數常倍於户數，是一户出二丁也」，則此處户數當爲七千，如此諸宮正户總計方合於上文所稱八萬之數。

〔一四〕文獻皇帝承應人及渤海俘建瀋巖三州户置　依上文文例，此句上疑脱「以」字。

〔一五〕陵寢在祖州西南三十里　按孝文皇太弟即耶律隆慶，本書卷六四皇子表稱其葬於醫巫閭山。

州甚遠。又耶律宗允墓誌稱其祔葬耶律隆慶之塋，此墓誌出土於今遼寧北鎮市，地近醫巫閭山，去祖州甚遠。

〔一六〕與敦　原作「與墩」，據明鈔本、南監本、北監本、殿本改。按上文有石烈名「與敦」。

〔一七〕州一　此下失載州名。按本書卷三八地理志二宗州條云：「耶律隆運以所俘漢民置。聖宗立爲州，隸文忠王府。」卷三九地理志三川州條云：「初隸崇德宮，統和中屬文忠王府。」此處「州一」未知何指。

〔一八〕湯樂　「樂」，疑當作「藥」。

遼史卷三十二

志第二

營衛志中

行營

周官土圭之法：日東，景朝多風〔一〕；日北，景長多寒。天地之間，風氣異宜，人生其間，各適其便，王者因三才而節制之。長城以南，多雨多暑〔二〕，其人耕稼以食，桑麻以衣，宫室以居，城郭以治。大漠之間，多寒多風，畜牧畋漁以食，皮毛以衣，轉徙隨時，車馬爲家。此天時地利所以限南北也。遼國盡有大漠，浸包長城之境，因宜爲治。秋冬違寒，春夏避暑，隨水草就畋漁，歲以爲常。四時各有行在之所，謂之「捺鉢」。

春捺鉢：

曰鴨子河濼。皇帝正月上旬起牙帳，約六十日方至。天鵝未至，卓帳冰上，鑿冰取魚。冰泮，乃縱鷹鶻捕鵝雁。晨出暮歸，從事弋獵。鴨子河濼東西二十里，南北三十里，在長春州東北三十五里，四面皆沙堝，多榆柳杏林。皇帝每至，侍御皆服墨緑色衣，各備連鎚一柄，鷹食一器，刺鵝錐一枚，於濼周圍相去各五七步排立。皇帝冠巾，衣時服，繫玉束帶，於上風望之。有鵝之處舉旗，探騎馳報，遠泊鳴鼓。鵝驚騰起，左右圍騎皆舉幟麾之。五坊擎進海東青鶻，拜授皇帝放之。鶻擒鵝墜，勢力不加，排立近者，舉錐刺鵝，取腦以飼鶻。救鶻人例賞銀絹。皇帝得頭鵝，薦廟，羣臣各獻酒果，舉樂。更相酬酢，致賀語，皆插鵝毛于首以爲樂。賜從人酒，遍散其毛。弋獵網釣〔三〕，春盡乃還。

夏捺鉢：

無常所，多在吐兒山。道宗每歲先幸黑山，拜聖宗、興宗陵，賞金蓮，乃幸子河避暑。吐兒山在黑山東北三百里，近饅頭山。黑山在慶州北十三里，上有池，池中有金蓮。子河在吐兒山東北三百里。懷州西山有清涼殿，亦爲行幸避暑之所。四月中旬起牙帳，卜吉地爲納涼所，五月末旬、六月上旬至。居五旬。與北、南臣僚議國事，暇日遊獵。七月中旬乃去。

秋捺鉢：

曰伏虎林。七月中旬自納涼處起牙帳，入山射鹿及虎。林在永州西北五十里。嘗有虎據林，傷害居民畜牧。景宗領數騎獵焉，虎伏草際，戰慄不敢仰視，上舍之，因號「伏虎林」。每歲車駕至，皇族而下分布濼水側。伺夜將半，鹿飲鹽水，令獵人吹角效鹿鳴，既集而射之。謂之「舐鹻鹿」，又名「呼鹿」。

冬捺鉢：

曰廣平淀。在永州東南三十里，本名白馬淀。東西二十餘里，南北十餘里。地甚坦夷，四望皆沙磧，木多榆柳。其地饒沙，冬月稍暖，牙帳多於此坐冬，與北、南大臣會議國事，時出校獵講武，兼受南宋及諸國禮貢。皇帝牙帳以槍爲硬寨，用毛繩連繫。每槍下黑氈傘一，以芘衛士風雪。槍外小氈帳一層，每帳五人，各執兵仗爲禁圍。南有省方殿，殿北約二里曰壽寧殿〔四〕，皆木柱竹榱，以氈爲蓋，彩繪韜柱，錦爲壁衣，加緋繡額。又以黃布繡龍爲地障，牕、槅皆以氈爲之，傅以黃油絹。基高尺餘，兩廂廊廡亦以氈蓋，無門户。省方殿北有鹿皮帳，帳次北有八方公用殿。壽寧殿北有長春帳，衛以硬寨。宫用契丹兵四千人，每日輪番千人祗直。禁圍外卓槍爲寨，夜則拔槍移卓御寢帳。周圍拒馬，外設鋪，傳鈴宿衛。

每歲四時，周而復始。

皇帝四時巡守，契丹大小内外臣僚并應役次人，及漢人宣徽院所管百司皆從。漢人樞密院、中書省唯摘宰相一員，樞密院都副承旨二員，令史十人，中書令史一人，御史臺、大理寺選摘一人扈從。每歲正月上旬，車駕啓行。宰相以下，還於中京居守，行遣漢人一切公事。除拜官僚，止行堂帖權差，俟會議行在所取旨，出給誥敕。文官縣令、録事以下更不奏聞，聽中書銓選；武官須奏聞。五月，納涼行在所，南、北臣僚會議。十月，坐冬行在所，亦如之。

部族上

部落曰部，氏族曰族。契丹故俗，分地而居，合族而處。有族而部者，五院、六院之類是也；有部而族者，奚王、室韋之類是也；有部而不族者，特里特勉、稍瓦、曷朮之類是也；有族而不部者，遥輦九帳、皇族三父房是也。

奇首八部爲高麗、蠕蠕所侵，僅以萬口附于元魏。生聚未幾，北齊見侵，掠男女十萬餘口。繼爲突厥所逼，寄處高麗，不過萬家。部落離散，非復古八部矣。别部有臣附突厥者，内附於隋者，依紇臣水而居〔五〕。部落漸衆，分爲十部，有地遼西五百餘里。唐世大賀氏仍爲八部，而松漠、玄州别出，亦十部也。遥輦氏承萬榮、可突于散敗之餘，更爲八部；

然遥輦、迭剌别出，又十部也。阻午可汗析爲二十部，契丹始大。至于遼太祖，析九帳、三房之族，更列二十部。聖宗之世，分置十有六，增置十有八，并舊爲五十四部；内有拔里、乙室己國舅族〔六〕，外有附庸十部，盛矣！

其氏族可知者，略具皇族、外戚二表。餘五院、六院、乙室部止見益古、撒里本，涅剌、烏古部止見撒里卜、涅勒，突吕不、突舉部止見塔古里、航斡，皆兄弟也。奚王府部時瑟、哲里，則臣主也。品部有拏女，楮特部有洼。其餘世繫名字，皆漫無所考矣。

舊志曰：「契丹之初，草居野次，靡有定所。至涅里始制部族，各有分地。太祖之興，以迭剌部强熾，析爲五院、六院。奚六部以下，多因俘降而置。勝兵甲者即著軍籍，分隸諸路詳穩、統軍、招討司。番居内地者，歲時田牧平莽間。邊防糺户，生生之資，仰給畜牧，績毛飲湩，以爲衣食。各安舊風，狃習勞事，不見紛華異物而遷。故家給人足，戎備整完。卒之虎視四方，强朝弱附，東踰蟠木，西越流沙，莫不率服。部族寔爲之爪牙云。」

古八部：

悉萬丹部。

何大何部〔七〕。

伏弗郁部。

羽陵部〔八〕。

日連部。

匹絜部。

黎部〔九〕。

吐六于部〔一〇〕。

契丹之先，曰奇首可汗，生八子。其後族屬漸盛，分爲八部，居松漠之間。今永州木葉山有契丹始祖廟，奇首可汗、可敦并八子像在焉。潢河之西，土河之北，奇首可汗故壤也。

隋契丹十部：

元魏末〔一一〕，莫弗賀勿于畏高麗、蠕蠕侵逼〔一二〕，率車三千乘、衆萬口内附，乃去奇首可汗故壤，居白狼水東〔一三〕。北齊文宣帝自平州三道來侵，虜男女十餘萬口，分置諸州。又爲突厥所逼，以萬家寄處高麗境内。隋開皇四年，諸莫弗賀悉衆款塞，聽居白狼故地〔一四〕。又別部寄處高麗者曰出伏等，率衆内附，詔置獨奚那頡之北〔一五〕。又別部臣附突厥者四千餘户來降，詔給糧遣還，固辭不去，部落漸衆，徙逐水草，依紇臣水而居。在遼西正北二百里，其地東西亘五百里，南北三百里。分爲十部，逸其名。

唐大賀氏八部：

達稽部，峭落州。

紇便部，彈汗州。

獨活部，無逢州。

芬問部，羽陵州。

突便部，日連州。

芮奚部，徒河州。

墜斤部，萬丹州。

伏部，州二：匹黎、赤山。

唐太宗置玄州，以契丹大帥據曲爲刺史〔二六〕。又置松漠都督府，以窟哥爲都督，分八部，并玄州爲十州。則十部在其中矣。

遥輦氏八部：

旦利皆部。

乙室活部。

實活部。

納尾部。

頻没部。

納會雞部〔一七〕。

集解部。

奚嗢部。

當唐開元、天寶間，大賀氏既微，遼始祖涅里立迪輦祖里爲阻午可汗。時契丹因萬榮之敗，部落凋散，即故有族衆分爲八部。涅里所統迭剌部自爲别部，不與其列。并遥輦、迭剌亦十部也。

遥輦阻午可汗二十部：

耶律七部。

審密五部。

八部。

涅里相阻午可汗，分三耶律爲七，二審密爲五，并前八部爲二十部。三耶律：一曰大賀，二曰遥輦，三曰世里，即皇族也。二審密：一曰乙室己，二曰拔里，即國舅也。其分部皆未詳，可知者曰迭剌，曰乙室，曰品，曰楮特，曰烏隗，曰突呂不，曰捏剌，曰突舉，又有右大部、左大部，凡十，逸其二。大賀、遥輦析爲六，而世里合爲一，兹所以迭剌部終遥輦之世，彊不可制云。

校勘記

〔一〕日東景朝多風　「朝」，疑當作「夕」。按周禮地官司徒第二大司徒作「夕」。

〔二〕多雨多暑　「雨」，原作「疑」，據明鈔本、南監本、北監本、殿本改。參見本書卷一九興宗紀二校勘記〔一五〕。

〔三〕弋獵網釣　「釣」，諸本皆同，疑當作「鈎」。

〔四〕南有省方殿殿北約二里曰壽寧殿　長編卷九七天禧五年九月甲申條引宋綬契丹風俗云：「祭天之地，東向設氈屋，署曰省方殿，無階，以氈藉地。後有二大帳。次北又設氈屋，曰慶壽殿。」宋會要蕃夷二之一〇所引同。按「慶壽殿」或即此處之「壽寧殿」。

〔五〕依紇臣水而居　「紇臣水」，本卷下文及本書卷三四兵衛志序、卷六三世表同。據隋書卷八四契丹傳及北史卷九四契丹傳，當作「託紇臣水」。

〔六〕拔里乙室已國舅族　「乙室已」，原作「乙室巳」，明鈔本、南監本、北監本同，殿本作「乙室已」。按「乙室已」契丹小字複數形式作[illegible]、[illegible]，其詞根爲[illegible]，音isk(i)。舊唐書卷三九地理志二、新唐書卷四三下地理志七下謂契丹有「乙失革」部，疑即「乙室已」之異譯。知此處當作「乙室已」，今改。餘徑改。

〔七〕何大何部　「何大何」，本書卷六三世表及魏書卷一〇〇契丹傳、北史卷九四契丹傳同。然魏書卷六顯祖紀皇興二年四月、通典卷二〇〇邊防一六及宋本册府卷九六九外臣部朝貢二皆作「阿大何」。

〔八〕伏弗郁部羽陵部　按此二部名本魏書卷一〇〇契丹傳，然魏書卷六顯祖紀皇興元年二月、二年四月皆作「具伏弗」、「郁羽陵」，册府卷九六九外臣部朝貢二同。又魏書卷一〇〇勿吉傳、北史卷九四勿吉傳均作「具弗伏」、「郁羽陵」。知魏書契丹傳作「伏弗郁」、「羽陵」誤。

〔九〕匹絜部黎部　「匹絜」、「黎」，本書卷六三世表及魏書卷一〇〇契丹傳同。然魏書卷六顯祖紀皇興元年二月、二年四月及卷一〇〇勿吉傳作「匹黎尒」，通典卷二〇〇邊防一六、册府卷九六九外臣部朝貢二皇興元年二月條又作「匹黎」，皆係一部。此處蓋襲魏書契丹傳，誤分爲二部，「絜」或爲「黎」形近之衍，如此則「古八部」僅有七部之數。

〔一〇〕吐六于部　「吐六于」，本書卷六三世表及魏書卷一〇〇契丹傳同，魏書卷六顯祖紀皇興二年四月、册府卷九六九外臣部朝貢二並作「叱六手」，北史卷九四契丹傳作「吐六干」，通典卷二〇〇邊防一六作「比六于」。疑「吐」、「比」皆爲「叱」之誤，「手」字顯誤，「于」、「干」二字未知孰是。

〔一一〕元魏末　「末」，原作「疑」，據明鈔本、南監本、北監本、殿本改。參見本書卷一九興宗紀二校勘記〔一五〕。

〔一二〕莫弗賀勿于畏高麗蠕蠕侵逼　「莫弗賀」，本書卷六三世表、卷一一六國語解及魏書卷一〇〇契丹傳同。北史卷九四契丹傳作「莫賀弗」。按「莫賀弗」乃中古北族慣用名號，本書所見「莫弗賀」皆襲魏書契丹傳之誤。又「勿于」，魏書契丹傳同，北史契丹傳、通鑑卷一三五齊紀一高帝建元元年末皆作「勿干」。

〔一三〕居白狼水東　「白狼水」，魏書卷一〇〇契丹傳、北史卷九四契丹傳同。隋書卷八四契丹傳作「白貔河」。

〔一四〕隋開皇四年諸莫弗賀悉衆款塞聽居白狼故地　此處繫年不確。按隋書卷八四契丹傳云：「開皇四年，率諸莫賀弗來謁。五年，悉其衆款塞，高祖納之，聽居其故地。」本書卷六三世表略同。

〔五〕詔置獨奚那頡之北　「獨奚那頡」，本書卷六三世表及隋書卷八四契丹傳、册府卷九七七外臣部降附皆作「渴奚那頡」。

〔六〕以契丹大帥據曲爲刺史　「據曲」，本書卷六三世表同，新唐書卷四三下地理志七下、卷二一九契丹傳及通鑑卷一九九唐紀一五太宗貞觀二十二年四月己未均作「曲據」。又舊唐書卷三九地理志二玄州條謂「處契丹李去閭部落」，「去閭」或即「曲據」。

〔七〕納會雞部　「納會雞」，本書卷三七地理志序及通鑑卷二六六後梁紀一太祖開平元年五月考異引漢高祖實録、五代會要卷二九契丹、新五代史卷七二四夷附録一皆作「内會雞」。

遼史卷三十三

志第三

營衛志下

部族下

遼起松漠，經營撫納，竟有唐、晉帝王之器，典章文物施及瀵海之區，作史者尚可以故俗語耶？舊史有部族志，歷代之所無也。古者，巡守于方岳，五服之君各述其職，遼之部族實似之。故以部族置宮衛、行營之後云。

遼內四部族：

遥輦九帳族。

橫帳三父房族。
國舅帳拔里、乙室己族。
國舅別部〔一〕。

太祖二十部，二國舅升帳分，止十八部。

五院部。其先曰益古，凡六營。阻午可汗時，與弟撒里本領之，曰迭刺部〔二〕。傳至太祖，以夷离堇即位。天贊元年，以彊大難制，析五石烈爲五院，六爪爲六院，各置夷离堇。會同元年，更夷离堇爲大王。部隸北府，以鎮南境。大王及都監春夏居五院部之側，秋冬居羊門甸〔三〕。石烈四：

大蔑孤石烈。
小蔑孤石烈。
甌昆石烈。太宗會同二年，以烏古之地水草豐美，命居之。三年，益以海勒水之地爲農田。
乙習本石烈。會同二年，命以烏古之地〔四〕。

六院部。隸北府，以鎮南境。其大王及都監春夏居泰德泉之北，秋冬居獨盧金。石烈四：

轄懶石烈〔五〕。

阿速石烈。

斡納撥石烈。

斡納阿剌石烈。會同二年，命居烏古。三年，益以海勒水地。

乙室部。其先曰撒里本，阻午可汗之世，與其兄益古分營而領之，曰乙室部。會同二年，更夷离堇爲大王〔六〕。隸南府，其大王及都監鎮駐西南之境，司徒居鴛鴦泊，閘撒狘居車軸山。石烈二：

阿里答石烈。

欲主石烈。

品部〔七〕。其先曰拏女，阻午可汗以其營爲部。太祖更諸部夷离堇爲令穩。統和中，又改節度使。隸北府，屬西北路招討司〔八〕，司徒居太子墳。凡戍軍隸節度使，留後户隸司徒。石烈二：

北哲里只石烈。

南轄懶石烈。

楮特部。其先曰洼，阻午可汗以其營爲部。隸南府，節度使屬西北路招討司，司徒居柏坡山及鏵山之側〔九〕。石烈二：

北石烈。

南石烈。

烏隗部。其先曰撒里卜，與其兄涅勒同營，阻午可汗析爲二：撒里卜爲烏隗部，涅勒爲涅剌部。俱隸北府，烏隗部節度使屬東北路招討司，司徒居徐母山、郝里河之側。石烈二：

北石烈。

南石烈。

涅剌部。其先曰涅勒，阻午可汗分其營爲部。節度使屬西南路招討司，居黑山北，司徒居郝里河側。石烈二：

北塌里石烈。

南察里石烈。

突呂不部。其先曰塔古里，領三營。阻午可汗命分其一與弟航斡爲突舉部；塔古里得其二，更爲突呂不部。隸北府，節度使屬西北路招討司，司徒居長春州西。石烈二：

北托不石烈。

南須石烈。

突舉部。其先曰航斡，阻午可汗分營置部。隸南府，戍於隗烏古部，司徒居冗泉側。

石烈二：

北石烈。

南石烈。

奚王府六部五帳分。其先曰時瑟，事東遥里十帳部主哲里。後逐哲里，自立爲奚王。卒，弟吐勒斯立。遥輦鮮質可汗討之，俘其拒敵者七百户，摭其降者。以時瑟鄰睦之故，止俘部曲之半，餘悉留焉。奚勢由是衰矣。初爲五部：曰遥里，曰伯德，曰奥里，曰梅只，曰楚里〔一〇〕。太祖盡降之，號五部奚。天贊二年〔一一〕，有東扒里厮胡損者，恃險堅壁於箭笴山以拒命，揶揄曰：「大軍何能爲，我當飲墮瑰門下矣！」太祖滅之，以奚府給役户，併括諸部穩丁〔一二〕，收合流散，置墮瑰部，因「墮瑰門」之語爲名，遂號六部奚。命勃魯恩主之，仍號奚王。太宗即位，置宰相、常衮各二員。聖宗合奥里、梅只、墮瑰三部爲一，特置二剋部以足六部之數。奚王和朔奴討兀惹，敗績，籍六部隸北府。

突吕不室韋部。本名大、小二黄室韋户〔一三〕。太祖爲達馬狘沙里，以計降之，乃置爲二部。隸北府，節度使屬東北路統軍司，戍泰州東北。

涅刺拏古部。與突吕不室韋部同。節度使戍泰州東。

迭刺迭達部。本鮮質可汗所俘奚七百户，太祖即位，以爲十四石烈，置爲部。隸南府，節度使屬西南路招討司，戍黑山北，部民居慶州南。

乙室奥隗部。神册六年，太祖以所俘奚户置。隸南府，節度使屬東北路兵馬司〔一四〕。

楮特奥隗部。太祖以奚户置。隸南府，節度使屬東京都部署司。

品達魯虢部。太祖以所俘達魯虢部置。隸南府，節度使屬西南路招討司，戍黑山北。

烏古涅刺部。亦曰涅離部。太祖取于骨里户六千，神册六年，析爲烏古涅刺及圖魯二部。俱隸北府，節度使屬西南路招討司。

圖魯部。節度使屬東北路統軍司。

已上太祖以遥輦氏舊部族分置者凡十部，增置者八。

聖宗三十四部：

撒里葛部。奚有三營：曰撒里葛，曰窈爪〔一五〕，曰耨盌爪。太祖伐奚，乞降，願爲著帳子弟，籍于宮分，皆設夷离菫。聖宗各置爲部，改設節度使，皆隸南府，以備畋獵之役。居澤州東。

窈爪部。與撒里葛部同。居潭州南。

耨盌爪部。節度使屬東京都部署司。

訛僕括部。與撒里葛三部同。居望雲縣東。

特里特勉部。初於八部各析二十户以戍奚，偵候落馬河及速魯河側，置二十詳穩。聖宗以户口蕃息，置爲部，設節度使。隸南府，戍倒塌嶺，居橐駝岡。

稍瓦部。初，取諸宮及横帳大族奴隸置稍瓦石烈。「稍瓦」，鷹坊也。居遼水東，掌羅捕飛鳥。聖宗以户口蕃息置部。節度使屬東京都部署司。

曷朮部。初，取諸宮及横帳大族奴隸置曷朮石烈。「曷朮」，鐵也。以冶于海濱柳濕河、三黜古斯、手山。聖宗以户口蕃息置部。屬東京都部署司。

遥里部。居潭、利二州間。石烈三：

撒里必石烈。

北石烈。

帖魯石烈。

伯德部。松山、平州之間〔二六〕，太師、太保居中京西。石烈六：

啜勒石烈。

速古石烈。

腆你石烈。

迭里石烈。

旭特石烈。

悦里石烈。

楚里部。居潭州北。

奥里部。統和十二年，以與梅只、墮瑰三部民籍數寡，合爲一部。并上三部，本屬奚王府，聖宗分置。

南剋部。

北剋部。統和十二年，以奚府二剋分置二部〔二七〕。

隗衍突厥部。聖宗析四闢沙、四頗憊户置，以鎮東北女直之境。開泰九年，節度使奏請置石烈。隸北府，屬黄龍府都部署司。

奧衍突厥部。與隗衍突厥同。

涅刺越兀部。以涅刺室韋户置。隸北府，節度使屬西南面招討司，戍黑山北。

奧衍女直部。聖宗以女直户置。隸北府，節度使屬西北招討司，戍鎮州境。自此至河西部，皆俘獲諸國之民。初隸諸宫，户口蕃息置部。訖於五國，皆有節度使。

乙典女直部。聖宗以女直户置。隸南府〔一八〕，居高州北。

斡突盌烏古部。聖宗以烏古户置。隸南府，節度使屬西南面招討司，戍黑山北。

迭魯敵烈部。聖宗以敵烈户置。隸北府，節度使屬烏古敵烈統軍司。

室韋部。聖宗以室韋户置。節度使屬西北路招討司。

朮哲達魯虢部。聖宗以達魯虢户置。隸北府，節度使屬東北路統軍司，戍境内，居境外。

梅古悉部。聖宗以唐古户置。隸北府，節度使屬西南面招討司。

頡的部。聖宗以唐古户置。隸北府，節度使屬西南面招討司。

北敵烈部。聖宗以敵烈户置。戍隗烏古部。

匿訖唐古部。聖宗置。隸北府，節度使屬西南面招討司。

北唐古部。聖宗以唐古户置。隸北府，節度使屬黄龍府都部署司，戍府南。

南唐古部。聖宗置。隸北府〔一九〕。節度使屬西南面招討司。

鶴剌唐古部。與南唐古同。節度使屬西南面招討司。

河西部。聖宗置。隸北府，節度使屬東北路統軍司。

薛特部。開泰四年，以回鶻户置。隸北府〔二〇〕，居慈仁縣北。

伯斯鼻骨德部。本鼻骨德户。初隸諸宫，聖宗以户口蕃息置部。隸北府，節度使屬東北路統軍司，戍境内，居境外。

達馬鼻骨德部。聖宗以鼻骨德户置。隸南府，節度使屬東北路統軍司。

五國部。剖阿里國、盆奴里國、奥里米國、越里篤國、越里吉國，聖宗時來附，命居本土，以鎮東北境，屬黄龍府都部署司。重熙六年，以越里吉國人尚海等訴酋帥渾敞貪污〔二一〕，罷五國酋帥，設節度使以領之。

已上聖宗以舊部族置者十六，增置十八。

遼國外十部：

烏古部。

敵烈八部。

隗古部。
回跋部。
嵓母部。
吾禿婉部。
迭剌葛部。
回鶻部。
長白山部。
蒲盧毛朵部。

右十部不能成國，附庸於遼，時叛時服，各有職貢，猶唐人之有羈縻州也。

校勘記

〔一〕國舅別部　「別部」，明鈔本、南監本、北監本、殿本並作「部族」。

〔二〕與弟撒里本領之曰迭剌部　下文乙室部條云：「其先曰撒里本，阻午可汗之世，與其兄益古分營而領之，曰乙室部。」知益古、撒里本分領迭剌、乙室二部，非二人同領迭剌部。

〔三〕秋冬居羊門甸　「冬」字原闕，據文義並參六院部條文例補。

〔四〕命以烏古之地　馮校謂此下當有「居之」二字。

〔五〕轄懶石烈　本書卷一太祖紀上稱太祖乃「契丹迭剌部霞瀨益石烈鄉耶律彌里人」，太祖七年六月又有轄賴縣，「霞瀨益」、「轄賴」與此處之「轄懶」皆係同名異譯。

〔六〕會同二年更夷离堇爲大王　上文五院部條及本書卷四太宗紀下皆繫此事於會同元年。

〔七〕品部　「品」，本書卷四太宗紀下會同四年正月作「品卑」，卷一一聖宗紀二統和四年四月戊申、卷六九部族表作「頻不」，卷四六百官志二北面軍官條作「頻必」，宋會要蕃夷二之四作「頻畢」，蓋皆此部之異譯。

〔八〕隸北府屬西北路招討司　本書卷三五兵衛志中衆部族軍條稱其隸南府，屬西南路招討司。

〔九〕鏵山　「鏵」，南監本同，明鈔本、北監本、殿本皆作「鏵」。「鏵」、「鏵」均不見字書，疑當作「鏵」或「韡」。

〔一〇〕初爲五部曰遥里曰伯德曰奥里曰梅只曰楚里　金史卷六七奚王回离保傳贊云：「奚有五，大定間，類族著姓有遥里氏、伯德氏、奥里氏、梅知氏、揣氏。」「梅知」殆即此處之「梅只」，「揣」殆即「楚里」。又「楚里」，本書卷四太宗紀下會同六年六月己未作「鋤骨里」，金史卷七二麻吉傳作「楚里迪」。

〔一一〕天贊二年　「二年」，原作「八年」。按天贊僅五年，據本書卷二太祖紀下，討胡損事在天贊二年三月，今據改。

〔二〕併括諸部穩丁　「穩」，諸本皆同。按「穩丁」語義不明，「穩」疑當作「隱」。

〔三〕本名大小二黃室韋户　此句語義不明，恐有訛誤。

〔四〕節度使屬東北路兵馬司　本書卷三五兵衛志中衆部族軍條謂乙室奥隗部屬東北路女直兵馬司。

〔五〕窈爪　原作「窈介」，據下文及本書卷三五兵衛志中衆部族軍條、卷四六百官志二北面部族官條改。

〔六〕松山平州之間　依上下文例，此句上疑闕「居」字。

〔七〕統和十二年以奚府二剋分置二部　「十二年」，原作「二年」。按本書卷一三聖宗紀四繫此事於統和十二年十二月戊寅。今據改。

〔八〕隸南府　按本書卷三五兵衛志中衆部族軍條，乙典女直部屬西南路招討司。此下疑脱「節度使屬西南路招討司」。

〔九〕隸北府　本書卷三五兵衛志中衆部族軍條，南唐古部隸南府。

〔一〇〕隸北府　本書卷三五兵衛志中衆部族軍條，薛特部隸南府。

〔二一〕以越里吉國人尚海等訴酋帥渾敞貪污　本書卷一八興宗紀一重熙六年八月己卯云：「北樞密院言越棘部民苦其酋帥坤長不法。」按「越棘」即此處之「越里吉」，「坤長」即此處之「渾敞」，皆係同名異譯。

遼史卷三十四

志第四

兵衞志上

軒轅氏合符東海，邑于涿鹿之阿，遷徙往來無常處，以兵爲營衞。飛狐以北，無慮以東，西暨流沙，四戰之地，聖人猶不免於兵衞，地勢然耳。

遼國左都遼海，右邑涿鹿，兵力莫彊焉。其在隋世，依紇臣水而居，分爲十部。兵多者三千，少者千餘。順寒暑，逐水草畜牧。侵伐則十部相與議，興兵致役，合契而後動。獵則部得自行。至唐，大賀氏勝兵四萬三千人，分爲八部。大賀氏中衰，僅存五部。有耶律雅里者，分五部爲八，立二府以總之，析三耶律氏爲七，二審密氏爲五，凡二十部，刻木爲契，政令大行，遜不有國，廼立遥輦氏代大賀氏，兵力益振，即太祖六世祖也〔一〕。及太祖會李克用于雲中，以兵三十萬〔二〕，盛矣。

遥輦耶瀾可汗十年，歲在辛酉〔三〕，太祖授鉞專征，破室韋、于厥、奚三國，俘獲廬帳，不可勝紀。十月，授大迭烈府夷离堇，明賞罰，繕甲兵，休息民庶，滋蕃羣牧，務在戢兵。十一年，總兵四十萬伐代北，克郡縣九，俘九萬五千口。十二年，德祖討奚，俘七千户〔四〕。十五年，遥輦可汗卒，遺命遜位于太祖〔五〕。

太祖即位五年，討西奚、東奚，悉平之，盡有奚、霫之衆。六年春，親征幽州，東西旌旗相望，亘數百里。所經郡縣，望風皆下，俘獲甚衆，振旅而還。秋，親征背陰國〔六〕，俘獲數萬計。神册元年，親征突厥、吐渾、党項、小蕃、沙陀諸部，俘户一萬五千六百。攻振武，乘勝而東，攻蔚、新、武、嬀、儒五州，俘獲不可勝紀，斬不從命者萬四千七百級。盡有代北、河曲、陰山之衆，遂取山北八軍。四年，親征于骨里國，俘獲一萬四千二百口。五年，征党項，俘獲二千六百口。攻天德軍，拔十有二栅，徙其民。六年，出居庸關，分兵掠檀、順等州，安遠軍、三河、良鄉、望都、潞、滿城、遂城等縣，俘其民徙内地。皇太子略定州，俘獲甚衆。天贊元年，以户口滋繁，糺轄疎遠，分北大濃兀爲二部，立兩節度以統之。三年，西征党項等國，俘獲不可勝紀。四年，又親征渤海〔七〕。天顯元年，滅渤海國，地方五千里，兵數十萬，五京、十五府、六十二州，盡有其衆，契丹益大。

會同初，太宗滅唐立晉，晉獻燕、代十六州，民衆兵強，莫之能禦矣。

兵制

遼國兵制，凡民年十五以上，五十以下，隸兵籍。每正軍一名，馬三疋〔八〕，打草穀、守營鋪家丁各一人。人鐵甲九事，馬韉轡、馬甲皮鐵視其力，弓四，箭四百，長短鎗、䤹䂍、斧鉞、小旗、鎚錐、火刀石、馬盂、炒一斗、炒袋、搭毬傘各一〔九〕，縻馬繩二百尺，皆自備。人馬不給糧草，日遣打草穀騎四出抄掠以供之。鑄金魚符，調發軍馬。其捉馬及傳命有銀牌二百。軍所舍，有遠探攔子馬，以夜聽人馬之聲。

凡舉兵，帝率蕃、漢文武臣僚，以青牛白馬祭告天地、日神，惟不拜月，分命近臣告太祖以下諸陵及木葉山神，乃詔諸道徵兵。惟南、北、奚王，東京渤海兵馬，燕京統軍兵馬，雖奉詔，未敢發兵，必以聞。上遣大將持金魚符，合，然後行。始聞詔，攢户丁，推户力，覈籍齊衆以待。自十將以上，次第點集軍馬、器仗。符至，兵馬本司自領，使者不得與。唯再共點軍馬訖，又以上聞。量兵馬多少，再命使充軍主，與本司互相監督。又請引五方旗鼓，然後皇帝親點將校。又選勳戚大臣，充行營兵馬都統、副都統、都監各一人。又選諸軍兵馬尤精鋭者三萬人爲護駕軍，又選驍勇三千人爲先鋒軍，又選剽悍百人之上爲遠探攔子軍，以上各有將領。又於諸軍每部量衆寡，抽十人或五人，合爲一隊，別立將領，以備勾取兵馬，騰遞公事。

其南伐點兵，多在幽州北千里鴛鴦泊。及行，並取居庸關、曹王峪、白馬口、古北口、安達馬口、松亭關、榆關等路。將至平州、幽州境，又遣使分道催發，不得久駐，恐踐禾稼。出兵不過九月，還師不過十二月。在路不得見僧尼、喪服之人。

皇帝親征，留親王一人在幽州，權知軍國大事。既入南界，分爲三路，廣信軍、雄州、霸州各一。駕必由中道，兵馬都統、護駕等軍皆從。各路軍馬遇縣鎮，即時攻擊。若大州軍，必先料其虛實、可攻次第而後進兵。沿途民居、園囿、桑柘，必夷伐焚蕩。至宋北京，三路兵皆會，以議攻取，及退亦然。三路軍馬前後左右有先鋒。遠探攔子馬各十數人，在先鋒前後二十餘里，全副衣甲，夜中每行十里或五里少駐，下馬側聽無有人馬之聲。有則擒之，力不可敵，飛報先鋒，齊力攻擊。如有大軍，走報主帥。敵中虛實，動必知之。

軍行當道州城，防守堅固，不可攻擊，引兵過之。恐敵人出城邀阻，乃圍射鼓譟，詐爲攻擊。敵方閉城固守，前路無阻，引兵進，分兵抄截，使隨處州城隔絕不通，孤立無援。所過大小州城，至夜，恐城中出兵突擊，及與鄰州計會軍馬，甲夜，每城以騎兵百人去城門左右百餘步，被甲執兵，立馬以待。兵出，力不能加，馳還勾集衆兵與戰。左右官道、斜徑、山路、河津，夜中並遣兵巡守。其打草穀家丁，各衣甲持兵，旋團爲隊，必先斫伐園林，然後驅掠老幼，運土木填壕塹，攻城之際，必使先登，矢石檑木併下，止傷老幼。又於本國州縣起漢人鄉兵萬人，隨軍專伐園林，填道路。御寨及諸營壘，唯用桑柘梨栗，軍退，縱火焚之。

敵軍既陣，料其陣勢小大、山川形勢、往回道路、救援捷徑、漕運所出，各有以制之。然後於陣四面，列騎爲隊，每隊五、七百人，十隊爲一道，十道當一面，各有主帥。最先一隊走馬大譟，衝突敵陣。得利，則諸隊齊進；若未利，引退，第二隊繼之，退者息馬飲水粆。諸道皆然。更退迭進，敵陣不動，亦不力戰。歷二三日，待其困憊，又令打草穀家丁馬施雙箒，因風疾馳，揚塵敵陣，更互往來。中既飢疲，目不相覩，可以取勝。若陣南獲勝，陣北失利，主將在中，無以知之，則以本國四方山川爲號，聲以相聞，得相救應。

若帝不親征，重臣統兵不下十五萬衆，三路往還，北京會兵，進以九月，退以十二月，行事次第皆如之。若春以正月，秋以九月，不命都統，止遣騎兵六萬，不許深入，不攻城池，不伐林木，但於界外三百里内，耗蕩生聚，不令種養而已。

軍入南界，步騎車帳不循阡陌。三道將領各一人，率攔子馬各萬騎，支散游弈百十里外，更迭覘邏。及暮，以吹角爲號，衆即頓舍，環繞御帳。自近及遠，折木稍屈，爲弓子鋪，不設鎗營塹栅之備。

每軍行，鼓三伐，不問晝夜，大衆齊發。未遇大敵，不乘戰馬，俟近敵師，乘新羈馬，蹄有餘力。成列不戰，退則乘之。多伏兵斷糧道，冒夜舉火，上風曳柴。饋餉自賫，散而復聚。善戰，能寒。此兵之所以彊也。

校勘記

〔一〕即太祖六世祖也　本書卷二太祖紀贊所記太祖世系，雅里乃太祖七世祖。

〔二〕及太祖會李克用于雲中以兵三十萬　「三十萬」，通鑑卷二六六後梁紀一太祖開平元年五月丁丑及考異引唐太祖紀年録、新五代史卷七二四夷附録一、契丹國志卷一太祖大聖皇帝同。然本書卷一太祖紀上云：「太祖以騎兵七萬會克用于雲州。」似當以七萬爲是。

〔三〕遥輦耶瀾可汗十年歲在辛酉　此下所記本年事，皆見於本書卷一太祖紀上：「唐天復元年，歲辛酉，痕德堇可汗立，以太祖爲本部夷离堇，專征討，連破室韋、于厥及奚帥轄剌哥，俘獲甚衆。冬十月，授大迭烈府夷离堇。」據卷六三世表及卷五七儀衛志三符印條，耶瀾可汗當在唐武宗會昌間，與天復元年相去甚遠。此處及下文十一年、十二年、十五年紀年恐皆有誤。

〔四〕十二年德祖討奚俘七千户　此處耶瀾可汗「十二年」即天復三年，本書卷一太祖紀上天復三年云：「先是德祖俘奚七千户，徙饒樂之清河，至是創爲奚迭剌部，分十三縣。」可知德祖討奚乃係追述，非本年事，此處所記不確。

〔五〕十五年遥輦可汗卒遺命遜位于太祖　此處「十五年」指唐天祐三年（九〇六），即遥輦可汗卒於是年。然五代會要卷二九契丹及册府卷九七二外臣部朝貢五，皆云開平二年（九〇八）五月契丹「前國王欽德」（即遥輦可汗）遣使入貢於梁。與此處記載抵牾。

〔六〕秋親征背陰國　本書卷一太祖紀上六年七月丙午：「親征朮不姑，降之，俘獲以數萬計。」此「背陰國」蓋即「朮不姑」，册府卷九七七外臣部降附作「背陰達勒」。

〔七〕又親征渤海　「又」，原作「疑」，據明鈔本、南監本、北監本、殿本改。參見本書卷一九興宗紀二校勘記〔一五〕。

〔八〕每正軍一名馬三疋　通考卷三四六四裔考二三作「每正兵一名，自備馬二匹」，與此異。

〔九〕搭鈺傘各一　通考卷三四六四裔考二三作「搭鉤、氈傘各一」。按「鈺」字不見字書，文淵閣本考證及道光殿本考證皆謂此處蓋以「鉤」、「氈」二字偏旁誤合爲「鈺」字。

遼史卷三十五

志第五

兵衛志中

御帳親軍

漢武帝多行幸之事，置期門、佽飛、羽林之目，天子始有親軍。唐太宗加親、勳、翊、千牛之衛，布腹心之地，防衛密矣。遼太祖宗室盛彊，分迭刺部爲二，宮衛内虛，經營四方，未遑鳩集。皇后述律氏居守之際，摘蕃、漢精鋭爲屬珊軍。太宗益選天下精甲，置諸爪牙爲皮室軍。合騎五十萬〔一〕，國威壯矣。

大帳皮室軍。

太宗置，凡三十萬騎。

屬珊軍。

地皇后置，二十萬騎〔二〕。

宮衛騎軍

太祖以迭剌部受禪，分本部爲五院、六院，統以皇族，而親衛缺然。乃立斡魯朵法，裂州縣，割户丁，以彊幹弱支。詒謀嗣續，世建宮衛。入則居守，出則扈從，葬則因以守陵。有兵事，則五京、二州各提轄司傳檄而集，不待調發州縣、部族，十萬騎軍已立具矣。恩意親洽，兵甲犀利，教練完習。簡天下精鋭，聚之腹心之中。懷舊者歲深，增新者世盛。此軍制之良者也。

弘義宮：

正丁一萬六千，

蕃漢轉丁一萬四千，

騎軍六千。

長寧宮：

正丁一萬四千，
蕃漢轉丁一萬二千，
騎軍五千。

永興宮：
正丁六千，
蕃漢轉丁一萬四千，
騎軍五千。

積慶宮：
正丁一萬，
蕃漢轉丁一萬六千，
騎軍八千。

延昌宮：
正丁二千，
蕃漢轉丁六千，
騎軍二千。

彰愍宮：

正丁一萬六千，

蕃漢轉丁二萬，

騎軍一萬。

崇德宮：

正丁一萬二千，

蕃漢轉丁二萬，

騎軍一萬。

興聖宮：

正丁二萬，

蕃漢轉丁四萬，

騎軍五千。

延慶宮：

正丁一萬四千，

蕃漢轉丁二萬，

騎軍一萬。

太和宮：

正丁二萬，

蕃漢轉丁四萬，

騎軍一萬五千。

永昌宮：

正丁一萬四千，

蕃漢轉丁二萬，

騎軍一萬。

敦睦宮：

正丁六千，

蕃漢轉丁一萬，

騎軍五千。

文忠王府：

正丁一萬，

蕃漢轉丁一萬六千，

騎兵一萬。

十二宮一府，自上京至南京總要之地，各置提轄司。重地每宮皆置，內地一二而已。太和、永昌二宮宜與興聖、延慶同，舊史不見提轄司，蓋闕文也。

南京：

弘義宮提轄司。

長寧宮提轄司。

永興宮提轄司。

積慶宮提轄司。

延昌宮提轄司。

彰愍宮提轄司。

崇德宮提轄司。

興聖宮提轄司。

延慶宮提轄司。

敦睦宮提轄司。
文忠王府提轄司。

西京〔三〕：

弘義宮提轄司。
長寧宮提轄司。
永興宮提轄司。
積慶宮提轄司。
彰愍宮提轄司。
崇德宮提轄司。
延慶宮提轄司。
文忠王府提轄司。

奉聖州：

弘義宮提轄司。
長寧宮提轄司。
永興宮提轄司。

積慶宮提轄司。
彰愍宮提轄司。
崇德宮提轄司。
興聖宮提轄司。
延慶宮提轄司。
文忠王府提轄司。

平州：

弘義宮提轄司。
長寧宮提轄司。
永興宮提轄司。
積慶宮提轄司。
延昌宮提轄司。
彰愍宮提轄司。
興聖宮提轄司。
延慶宮提轄司。

文忠王府提轄司。

中京：

延昌宮提轄司。

文忠王府提轄司。

上京：

文忠王府提轄司。

凡諸宮衛，丁四十萬八千，出騎軍十萬一千。

大首領部族軍

遼親王大臣，體國如家，征伐之際，往往置私甲以從王事。大者千餘騎，小者數百人，著籍皇府。國有戎政，量借三五千騎，常留餘兵爲部族根本。

太子軍。

偉王軍。

永康王軍。

于越王軍。

麻荅軍。

五押軍〔四〕。

衆部族軍

衆部族分隸南北府，守衞四邊，各有司存，具如左。

北府凡二十八部〔五〕。

侍從宫帳：

奚王府部。

鎮南境：

五院部。

六院部。

東北路招討司：

烏隗部。

東北路統軍司〔六〕：

遥里部。

伯德部。

奥里部。

南剋部。

北剋部。

圖盧部。

朮者達魯虢部〔七〕。

河西部。

西北路招討司〔八〕：

突吕不部。

奥衍女直部。

室韋部。

西南路招討司：

涅剌部。

烏古涅剌部〔一九〕。

涅剌越兀部。

梅古悉部。

頡的部。

匿訖唐古部。

鶴剌唐古部。

黃龍府都部署司：

隗衍突厥部。

奧衍突厥部。

北唐古部。

五國部。

烏古敵烈統軍司：

迭魯敵烈部。

戍隗烏古部：

北敵烈部。

南府凡一十六部〔一〇〕。

鎮駐西南境：

乙室部。

西南路招討司：

品部〔一一〕。

迭達迭剌部〔一二〕。

品達魯虢部。

乙典女直部。

西北路招討司：

楮特部。

東北路統軍司：

達馬鼻古德部。

東北路女直兵馬司：

乙室奧隗部。

東京都部署司〔一三〕：

楮特奧隗部。

窈爪部。

稍瓦部。

曷朮部。

戍倒塌嶺：

訛僕括部〔一四〕。

屯駐本境：

撒里葛部。

南唐古部〔一五〕。

薛特部〔一六〕。

校勘記

〔一〕合騎五十萬　「五十萬」，疑當作「五萬」，參見本卷校勘記〔二〕。

〔二〕大帳皮室軍太宗置凡三十萬騎屬珊軍地皇后置二十萬騎　按宋琪平燕薊十策云：「晉末契

丹主頭下兵，謂之『大帳』，有皮室兵約三萬人騎，皆精甲也，爲其爪牙。國母述律氏頭下，謂之『屬珊』，有衆二萬，是先戎主阿保機牙將，半已老矣。」契丹國志卷二三兵馬制度條所記略同。據此則當爲皮室軍三萬，屬珊軍二萬，此處言「三十萬」、「二十萬」者疑誤。上文謂「合騎五十萬」，亦由此致誤。

〔三〕西京　此下疑闕興聖宮提轄司。按本書卷三一營衛志上宮衛興聖宮條，興聖宮領提轄司四，本卷僅見南京、奉聖州及平州三處，循積慶、長寧、彰愍、延慶四宮之例，則興聖宮亦當於西京置司。

〔四〕太子軍偉王軍永康王軍于越王軍麻荅軍五押軍　宋琪平燕薊十策云：「其諸大首領太子、偉王、永康、南北王、于越、麻荅、五押等，大者千餘騎，次者數百人，皆私甲也。」此「太子」即耶律李胡，「偉王」即耶律安端，「永康王」即遼世宗，「南北王」即耶律吼、耶律洼，「于越」即蕭翰，「麻荅」即耶律解里，「五押」即韓德威。以上軍名均爲專指，徑置於本志，不合於例。蓋史臣輾轉抄書，誤襲所致。

〔五〕北府凡二十八部　下文南府所轄品部、南唐古部及薛特部，本書卷三三營衛志下部族下均隸北府。又據營衛志，隸北府者尚有突呂不室韋部、涅剌拏古部、伯斯鼻骨德部。

〔六〕東北路統軍司　據本書卷三三營衛志下部族下，尚有突呂不室韋部、涅剌拏古部及伯斯鼻骨德部三部屬東北路統軍司。

〔七〕朮者達魯號部　「達」，原作「違」，按本書卷三三營衛志下部族下、卷四六百官志二北面部族官條俱作「朮哲達魯虢部」，今據改。

〔八〕西北路招討司　據本書卷三三營衛志下部族下，尚有品部亦屬西北路招討司。

〔九〕烏古涅剌　原作「烏古剌」，據本書卷三三營衛志下部族下補。

〔一〇〕南府凡一十六部　據本書卷三三營衛志下部族下，隸南府者尚有耨盌爪部、斡突盌烏古部、突舉部、特里特勉部。又下文品部、南唐古部、薛特部，營衛志下皆隸北府。

〔一一〕品部　此處繫於南府西南路招討司下，然本書卷三三營衛志下部族下謂品部「隸北府，屬西北路招討司」，與此不合。

〔一二〕迭達迭剌　本書卷三三營衛志下部族下、卷四六百官志二北面部族官條皆作「迭剌迭達」。

〔一三〕東京都部署司　此下有窈爪部。按本書卷三三營衛志下部族下謂「窈爪部，與撒里葛部同，居潭州南」，其下繼稱「耨盌爪部，節度使屬東京都部署司」，蓋史官因二條相踵而誤以「節度使屬東京都部署司」句徑屬窈爪部。疑此下當有耨盌爪部，而與窈爪部無涉。

〔一四〕戍倒塌嶺訛僕括部　本書卷三三營衛志下部族下云：「訛僕括部，與撒里葛三部同，居望雲縣東。特里特勉部，（中略）戍倒塌嶺，居槖駝岡。」知戍倒塌嶺者爲特里特勉部，此處蓋史官誤合二部爲一條。

〔一五〕南唐古部　本書卷三三營衛志下部族下南唐古部條稱南唐古部隸北府，與此異。

〔一六〕薛特部　本書卷三三營衛志下部族下薛特部條稱薛特部隸北府，與此異。

遼史卷三十六

志第六

兵衛志下

五京鄉丁

遼建五京：臨潢，契丹故壤；遼陽，漢之遼東，爲渤海故國；中京，漢遼西地，自唐以來契丹有之。三京丁籍可紀者二十二萬六千一百，蕃漢轉户爲多。析津、大同，故漢地，籍丁八十萬六千七百。契丹本户多隸宮帳、部族，其餘蕃漢户丁分隸者，皆不與焉。

太祖建皇都于臨潢府。太宗定晉，晉主石敬瑭來獻十六城〔一〕，乃定四京〔二〕，改皇都爲上京。有丁一十六萬七千二百。

臨潢府：

臨潢縣丁七千。

長泰縣丁八千。

保和縣丁六千〔三〕。

定霸縣丁六千。

宣化縣丁四千〔四〕。

潞縣丁六千。

易俗縣丁一千五百。

遷遼縣丁一千五百。

祖州：

長霸縣丁四千。

咸寧縣丁二千。

越王城丁二千。

懷州：

扶餘縣丁三千。

顯理縣丁二千。
慶州玄寧縣丁一萬二千〔五〕。
泰州興國縣丁一千四百。
長春州長春縣丁四千。
烏州愛民縣丁二千。
永州：
長寧縣丁九千。
義豐縣丁三千。
慈仁縣丁八百。
儀坤州廣義縣丁五千。
龍化州龍化縣丁二千。
降聖州永安縣丁一千五百。
饒州：
長樂縣丁八千。
臨河縣丁二千。

安民縣丁二千。

頭下：

徽州丁二萬。

成州丁八千。

懿州丁八千。

渭州丁二千。

原州丁一千。

壕州丁一萬二千。

福州丁五百。

横州丁四百。

鳳州丁一千〔六〕。

遂州丁一千。

豐州丁一千。

順州丁二千。

閭州丁二千。

松山州丁一千。

豫州丁一千。

寧州丁六百。

東京，本渤海，以其地建南京遼陽府。統縣六，轄軍、府、州、城二十六〔七〕，有丁四萬一千四百。天顯十三年，太宗改爲東京。

遼陽府：

遼陽縣丁三千。

仙鄉縣丁三千。

鶴野縣丁二千四百。

析木縣丁二千。

紫蒙縣丁二千。

興遼縣丁二千。

開州開遠縣丁二千。

鹽州丁五百。

穆州丁五百。

賀州丁五百。

定州定東縣丁一千六百。

保州來遠縣丁二千。

辰州丁四千。

盧州丁五百。

鐵州丁二千。

興州丁三百。

湯州丁七百。

崇州丁一千。

海州丁三千。

耀州丁一千二百。

嬪州丁七百。

淥州丁四千。

桓州丁一千。

豐州丁五百。
正州丁七百。
慕州丁三百。
南京析津府，統縣十一〔八〕，轄軍、府、州、城九，有丁五十六萬六千。
析津府：
析津縣丁四萬。
宛平縣丁四萬四千。
昌平縣丁一萬四千。
良鄉縣丁一萬四千。
潞縣丁一萬一千〔九〕。
安次縣丁二萬四千。
武清縣丁二萬。
永清縣丁一萬。
香河縣丁一萬四千。

玉河縣丁二千。

漷陰縣丁一萬。

順州懷柔縣丁一萬。

檀州：

密雲縣丁一萬。

行唐縣丁六千。

涿州：

范陽縣丁二萬。

固安縣丁二萬。

新城縣丁二萬。

歸義縣丁八萬〔二〇〕。

易州：

易縣丁五萬。

淶水縣丁五萬四千。

容城縣丁一萬。

薊州：

漁陽縣丁八千。

三河縣丁六千。

玉田縣丁六千。

平州：

盧龍縣丁一萬四千。

安喜縣丁一萬。

望都縣丁六千。

灤州：

義豐縣丁八千。

馬城縣丁六千。

石城縣丁六千。

營州廣寧縣丁六千。

景州遵化縣丁六千。

西京大同府，統縣七，轄軍、府、州、城十七，有丁三十二萬二千七百〔二〕。

大同府：

大同縣丁二萬。

雲中縣丁二萬。

天城縣丁一萬〔三〕。

長青縣丁八千。

奉義縣丁六千。

懷仁縣丁六千。

懷安縣丁六千。

弘州：

永寧縣丁二萬。

順聖縣丁六千。

德州宣德縣丁六千。

豐州：

富民縣丁二千四百。

振武縣鄉兵三百。

奉聖州：

永興縣丁一萬六千。

礬山縣丁六千。

龍門縣丁八千。

望雲縣丁二千。

歸化州文德縣丁二萬。

可汗州懷來縣丁六千。

儒州縉山縣丁一萬。

蔚州：

靈仙縣丁四萬。

定安縣丁二萬。

飛狐縣丁一萬。

靈丘縣丁六千。

廣陵縣丁六千。

應州：

金城縣丁一萬六千。

渾源縣丁一萬。

河陰縣丁六千。

朔州：

鄯陽縣丁八千。

寧遠縣丁四千。

馬邑縣丁六千。

金肅軍防秋兵一千。

武州神武縣丁一萬。

河清軍防秋兵一千。

聖宗統和二十三年，城七金山，建大定府，號中京。統縣九，轄軍、府、州、城二十三。草創未定，丁籍莫考，可見者一縣：

高州三韓縣丁一萬。

大約五京民丁可見者，一百一十萬七千三百爲鄉兵。

屬國軍

遼屬國可紀者五十有九〔一三〕，朝貢無常。有事則遣使徵兵，或下詔專征，不從者討之。助軍衆寡，各從其便，無常額。又有鐵不得國者，興宗重熙十七年乞以兵助攻夏國，詔不許。

吐谷渾。

鐵驪。

鞊鞨。

兀惹。

黑車子室韋〔一四〕。

西奚。

東部奚。

烏馬山奚。

斜離底。
突厥。
党項。
小蕃。
沙陀。
阻卜。
烏古。
素昆那〔一五〕。
胡母思山蕃〔一六〕。
波斯。
大食。
甘州回鶻。
新羅。
烏孫。
燉煌〔一七〕。

賃烈。

要里。

回鶻。

轄戛斯。

吐蕃。

黄室韋。

小黄室韋。

大黄室韋。

阿薩蘭回鶻〔一八〕。

于闐。

師子。

北女直。

河西党項。

南京女直〔一九〕。

沙州燉煌。

曷蘇館。

沙州回鶻。

查只底。

蒲盧毛朵。

蒲奴里。

大蕃。

高昌。

回拔。

頗里。

達里底。

拔思母。

敵烈。

粘八葛。

梅里急。

耶覩刮。

鼻骨德。

和州回鶻。

斡朗改。

高麗。

西夏。

女直。

遼之爲國，鄰於梁、唐、晉、漢、周、宋。晉以恩故，始則父子一家，終則寇讎相攻；梁、唐、周隱然一敵國〔三〇〕；宋惟太宗征北漢，遼不能救，餘多敗衄，縱得亦不償失。良由石晉獻土，中國失五關之固然也。高麗小邦，屢喪遼兵，非以險阻足恃故歟。西夏彈丸之地，南敗宋，東抗遼。雖西北士馬雄勁，元昊、諒祚智勇過人，能使党項、阻卜掣肘大國，蓋亦襟山帶河，有以助其勢耳。雖然，宋久失地利，而舊志言兵，唯以敵宋爲務。踰三關，聚議北京，猶不敢輕進。豈不以大河在前，三鎮在後，臨事好謀之審，不容不然歟。

二帳、十二宫一府、五京，有兵一百六十四萬二千八百。宫丁、大首領、諸部族，中京、頭下等州，屬國之衆，皆不與焉。不輕用之，所以長世。

邊境戍兵

又得高麗大遼事跡，載東境戍兵，以備高麗、女直等國，見其守國規模，布置簡要，舉一可知三邊矣。

東京至鴨渌西北峰爲界：

黄龍府正兵五千。

咸州正兵一千。

東京沿女直界至鴨渌江：

軍堡凡七十，各守軍二十人，計正兵一千四百。

來遠城宣義軍營八：

太子營正兵三百。

大營正兵六百。

蒲州營正兵二百。

新營正兵五百。

加陀營正兵三百。

王海城正兵三百。

柳白營正兵四百。

沃野營正兵一千。

神虎軍城正兵一萬。大康十年置。

右一府、一州、二城、七十堡、八營，計正兵二萬二千〔三〕。

校勘記

〔一〕晉主石敬瑭來獻十六城　「主」，原作「王」，據大典卷七七〇二引遼史兵衞志改。

〔二〕乃定四京　「四京」疑誤。按本書卷三七地理志序云：「太宗以皇都爲上京，升幽州爲南京，改南京爲東京，聖宗城中京，興宗升雲州爲西京，於是五京備焉。」按太宗時僅有上京、南京、東京三京。

〔三〕保和縣丁六千　據本書卷三七地理志一上京道保和縣條，保和縣户四千。按錢大昕廿二史考異卷八三遼史兵衞志條稱「兵衞志載正丁、轉丁之數，丁數常倍於户數，是一户出二丁也」，此處似與常例不合。下文諸縣丁數與地理志所記户數亦有不合一户二丁之例者，不一一出校。

〔四〕宣化縣丁四千　據本書卷三七地理志一上京道宣化縣條，宣化縣户四千。一户一丁，於常例不合，户、丁數當有一誤。

〔五〕慶州玄寧縣　大康十年高玄圭墓誌稱其居於「慶州玄寧縣興仁鄉敦義里」，與此合。然據本書卷三七地理志一上京道，慶州軍號玄寧，下有「玄德縣」。

〔六〕鳳州丁一千　據本書卷三七地理志一上京道頭下軍州鳳州條，鳳州户四千。此丁數少於户數，當有一誤。

〔七〕統縣六轄軍府州城二十六　本書卷三八地理志二東京道東京遼陽府條：「轄州、府、軍、城八十七。統縣九。」按此言「縣六」、「軍府州城二十六」，與下文所列相合，蓋僅就其丁數可見者而言之。

〔八〕統縣十一　「一」字原闕。按下列縣數爲十一，與本書卷四〇地理志四南京道南京析津府條合。今據補。

〔九〕潞縣丁一萬一千　「一萬一千」，疑當作「一萬二千」。按本書卷四〇地理志四南京道潞縣條，潞縣户六千。依一户二丁之通例，應爲丁一萬二千，如此亦合於上文南京「五十六萬六千」之丁數。

〔一〇〕歸義縣丁八萬　「八萬」，疑當作「八千」。按本書卷四〇地理志四南京道歸義縣條，歸義縣户四千。依例丁數當倍於户數。又史官誤以八萬計入南京丁數，因得上文五十六萬六千之數。

〔二〕有丁三十二萬二千七百　此處丁數乃併下文振武縣鄉兵及金肅軍、河清軍防秋兵計之，欠妥。

〔三〕天城縣　「天城」，原作「天詳」，明鈔本、南監本、北監本、殿本作「天域」。金史卷二四地理志上、卷四九食貨志四作「天城」，則「域」當爲「城」之誤。今據改。按本書卷四一地理志五西京道、開泰八年慈雲寺舍利塔記皆作「天成」。

〔三〕遼屬國可紀者五十有九　此下所載屬國多有重複，又頗有遺漏，此處稱「可紀者五十有九」，不確。

〔四〕黑車子室韋　本書卷六九部族表太祖元年正月云：「黑車子室韋八部降。」則黑車子室韋當屬遼之部族，此入「屬國軍」，不合。下文類此者頗多，不一一出校。

〔五〕素昆那　本書卷二太祖紀下天贊三年七月辛亥云：「曷剌等擊素昆那山東部族，破之。」蓋即此處史源所自。素昆那係山名，非屬國名。

〔六〕胡母思山蕃　本書卷二太祖紀下天贊三年九月謂「破胡母思山諸蕃部」，知胡母思係山名，非屬國名。

〔七〕燉煌　此即下文沙州燉煌、沙州回鶻之重出。

〔八〕阿薩蘭回鶻　此與下文師子、高昌、和州回鶻殆爲重出。

〔一九〕南京女直　遼無所謂「南京女直」。本書卷一四聖宗紀五統和二十二年九月丙午云：「幸南京。女直遣使獻所獲烏昭慶妻子。」卷七〇屬國表誤以「南京」與下句「女直」連讀，作「南京女直國遣使獻所獲烏昭慶妻子」，此「南京女直」似沿襲屬國表之誤。

〔二〇〕梁唐周隱然一敵國　「隱」原作「德」，「一」原作「然」，據明鈔本、南監本、北監本、殿本改。

〔二一〕計正兵二萬二千　前文所列正兵數凡二萬一千，與此不合。

遼史卷三十七

志第七

地理志一

帝堯畫天下爲九州。舜以冀、青地大，分幽、并、營，爲州十有二。幽州在渤、碣之間，并州北有代、朔，營州東暨遼海。其地負山帶海，其民執干戈，奮武衞，風氣剛勁，自古爲用武之地。太祖以迭剌部之衆代遥輦氏，起臨潢，建皇都；東併渤海，得城邑之居百有三。太宗立晉，有幽、涿、檀、薊、順、營、平、蔚、朔、雲、應、新、嬀、儒、武、寰十六州〔一〕，於是割古幽、并、營之境而跨有之。東朝高麗，西臣夏國，南子石晉而兄弟趙宋，吴越、南唐航海輸貢。嘻，其盛矣！

遼國其先曰契丹，本鮮卑之地，居遼澤中；去榆關一千一百三十里，去幽州又七百一十四里。南控黄龍，北帶潢水，冷陘屏右，遼河塹左。高原多榆柳，下隰饒蒲葦。當元魏時，有地數百里。至唐，大賀氏蠶食扶餘、室韋、奚、靺鞨之區，地方二千餘里。貞觀三年，以其地置玄州〔二〕。尋置松漠都督府，建八部爲州，各置刺史：達稽部曰峭落州，紇便部曰彈汗州，獨活部曰無逢州，芬阿部曰羽陵州〔三〕，突便部曰日連州，芮奚部曰徒河州，墜斤部曰萬丹州，伏部曰匹黎、赤山二州。以大賀氏窟哥爲使持節十州軍事。分州建官，蓋昉於此。

迨于五代，闢地東西三千里。遥輦氏更八部曰旦利皆部、乙室活部、實活部、納尾部、頻没部、内會雞部、集解部、奚嗢部，屬縣四十有一。每部設刺史，縣置令。太宗以皇都爲上京，升幽州爲南京，改南京爲東京，聖宗城中京，興宗升雲州爲西京，於是五京備焉。又以征伐俘户建州襟要之地，多因舊居名之；加以私奴置投下州。總京五，府六，州、軍、城百五十有六，縣二百有九，部族五十有二，屬國六十。東至于海，西至金山，暨于流沙，北至臚朐河，南至白溝，幅員萬里。

上京道

上京臨潢府，本漢遼東郡西安平之地。新莽曰北安平。太祖取天梯、蒙國、别魯等三山之勢〔四〕，于葦甸射金齪箭以識之，謂之龍眉宫。神册三年城之，名曰皇都。天顯十三年，更名上京，府曰臨潢。

淶流河自西北南流，遶京三面，東入于曲江，其北東流爲按出河〔五〕。又有御河〔六〕、沙河、黑河、潢河、鴨子河、他魯河、狼河、蒼耳河、輞子河、臚朐河、陰涼河、豬河、鴛鴦湖、興國惠民湖、廣濟湖、鹽濼、百狗濼、火神淀〔七〕、馬盂山、兔兒山〔八〕、野鵲山、鹽山、鑿山〔九〕、松山、平地松林、大斧山、列山、屈劣山、勒得山——唐所封大賀氏勒得王有墓存焉。

户三萬六千五百〔一〇〕。轄軍、府、州、城二十五〔一一〕。統縣十：

臨潢縣。太祖天贊初南攻燕、薊，以所俘人户散居潢水之北，縣臨潢水，故以名。地宜種植。户三千五百。

長泰縣。本渤海國長平縣民，太祖伐大諲譔，先得是邑，遷其人於京西北，與漢民雜居。户四千。

定霸縣。本扶餘府强師縣民，太祖下扶餘，遷其人於京西，與漢人雜處，分地耕種。統和八年，以諸宫提轄司人户置。隸長寧宫。户二千〔一二〕。

保和縣。本渤海國富利縣民，太祖破龍州，盡徙富利縣人散居京南。統和八年，以諸宫提轄司人户置〔一三〕。隸彰愍宫〔一四〕。户四千。

潞縣。本幽州潞縣民，天贊元年，太祖破薊州，掠潞縣民，布於京東，與渤海人雜處。隸崇德宮。户三千。

易俗縣。本遼東渤海之民，太平九年，大延琳結搆遼東夷叛，圍守經年，乃降，盡遷於京北，置縣居之。是年，又徙渤海叛人家屬置焉。户一千。

遷遼縣。本遼東諸縣渤海人，大延琳叛，擇其謀勇者置之左右。後以城降，戮之，徙其家屬於京東北，故名。户一千。

渤海縣。本東京人，因叛，徙置。

興仁縣。開泰二年置。

宣化縣。本遼東神化縣民，太祖破鴨渌府，盡徙其民居京之南。統和八年，以諸宫提轄司人户置。隸彰愍宫。户四千。

上京，太祖創業之地。負山抱海，天險足以爲固。地沃宜耕植，水草便畜牧。金龊一箭，二百年之基，壯矣。天顯元年，平渤海歸，乃展郛郭，建宫室，名以天贊。起三大殿：曰開皇、安德、五鑾〔一五〕。中有歷代帝王御容，每月朔望、節辰、忌日，在京文武百官並赴致祭。又於内城東南隅建天雄寺，奉安烈考宣簡皇帝遺像。是歲太祖崩，應天皇后於義節寺斷腕，置太祖陵，即寺建斷腕樓，樹碑焉。太宗援立晉，遣宰相馮道、劉昫等持節，具鹵簿、法服至此，册上太宗及應天皇后尊號。太宗詔蕃部並依漢制，御開皇殿，闢承天門受禮，因改皇都爲上京。

城高二丈，不設敵樓，幅員二十七里。門，東曰迎春，曰雁兒；南曰順陽〔二六〕；西曰金鳳，曰西雁兒，曰南福〔二七〕。其北謂之皇城，高三丈，有樓櫓。門，東曰安東，南曰大順，西曰乾德，北曰拱辰。中有大内。内南門曰承天，有樓閣；東門曰東華，西曰西華。此通内出入之所。正南街東，留守司衙，次鹽鐵司，次南門，龍寺街。南曰臨潢府，其側臨潢縣。縣西南崇孝寺，承天皇后建。寺西長泰縣，又西天長觀。西南國子監，監北孔子廟，廟東節義寺。又西北安國寺，太宗所建〔二八〕。寺東齊天皇后故宅，宅東有元妃宅，即法天皇后所建也。其南具聖尼寺，綾錦院、内省司、麴院，贍國、省司二倉，皆在大内西南。八作司與天雄寺對。南城謂之漢城，南當橫街，各有樓對峙，下列井肆。東門之北潞縣，又東南興仁縣。南門之東回鶻營，回鶻商販留居上京，置營居之。西南同文驛，諸國信使居之。驛西南臨潢驛，以待夏國使。驛西福先寺。寺西宣化縣，西南定霸縣，縣西保和縣。西門之北易俗縣，縣東遷遼縣。

周廣順中，胡嶠記曰：上京西樓，有邑屋市肆，交易無錢而用布。有綾錦諸工作、宦者、翰林、伎術、教坊、角觝、儒、僧尼、道士。中國人并、汾、幽、薊爲多。

宋大中祥符九年，薛映記曰：「上京者，中京正北八十里至松山館〔一九〕，七十里至崇信館，九十里至廣寧館，五十里至姚家寨館，五十里至咸寧館。三十里度潢水石橋，旁有饒州，唐於契丹嘗置饒樂州〔二〇〕，今渤海人居之。五十里保和館，度黑水河，七十里宣化館，五十里長泰館。館西二十里有佛舍、民居，即祖州。又四十里至臨潢府。自過崇信館乃契丹舊境，其南奚地也。入西門，門曰金德，內有臨潢館。子城東門曰順陽。北行至景福門，又至承天門，內有昭德、宣政二殿與氈廬，皆東向。臨潢西北二百餘里號涼淀〔二一〕，在饅頭山南，避暑之處。多豐草，掘地丈餘即有堅冰。」

祖州，天成軍，上，節度。本遼右八部世沒里地〔二二〕。太祖秋獵多於此，始置西樓。後因建城，號祖州。以高祖昭烈皇帝、曾祖莊敬皇帝、祖考簡獻皇帝、皇考宣簡皇帝所生之地，故名。城高二丈，無敵棚，幅員九里。門，東曰望京，南曰大夏，西曰液山，北曰興國。西北隅有內城。殿曰兩明，奉安祖考御容；曰二儀，以白金鑄太祖像；曰黑龍，曰清秘，各有太祖微時兵仗器物及服御皮毳之類〔二三〕，存之以示後嗣，使勿忘本。內南門曰興聖，凡三門，上有樓閣，東西有角樓。東爲州廨及諸官廨舍，綾錦院，班院祗候蕃、漢、渤海三百人，供給內府取索。東南橫街，四隅有樓對峙，下連市肆。東長霸縣，西咸寧縣。有祖山，山有太祖天皇帝廟，御靴尚存。又有龍門、黎谷、液山、液泉、白馬、獨石、天梯之山。水則南沙河、西液泉。太祖陵鑿山爲殿，曰明殿。殿南嶺有膳堂，以備時祭。門曰黑龍。東偏有聖蹤殿，立碑述太祖遊獵之事。殿東有樓，立碑以紀太祖創業之功。皆在州西五里。天顯中太宗建，隸弘義宮。統縣二、城一：

長霸縣。本龍州長平縣民，遷于此。户二千。

咸寧縣。本長寧縣。破遼陽，遷其民置。户一千。

越王城。太祖伯父于越王述魯西伐党項、吐渾，俘其民放牧於此，因建城。在州東南二十里。户一千。

懷州，奉陵軍，上，節度。本唐歸誠州。太宗行帳放牧於此。天贊中，從太祖破扶餘城，下龍泉府，俘其人，築寨居之。會同中，掠燕、薊所俘亦置此。太宗崩，葬西山，曰懷陵。大同元年，世宗置州以奉焉。是年，有騎十餘獵于祖州西五十里大山中，見太宗乘白馬，獨追白狐，射之，一發而斃；忽不見，但獲狐與矢。是日，太宗崩于欒城。後於其地建廟，又於州之鳳凰門繪太宗馳騎貫狐之像。穆宗被害，葬懷陵側，建鳳凰殿以奉焉。有清涼殿，爲行幸避暑之所。皆在州西二十里。隸永興宮。統縣二：

扶餘縣。本龍泉府。太祖遷渤海扶餘縣降戶於此，世宗置縣。戶一千五百。

顯理縣。本顯理府人〔二四〕，太祖伐渤海，俘其王大諲譔，遷民於此，世宗置縣。戶一千。

慶州，玄寧軍〔二五〕，上，節度。本太保山黑河之地，巖谷險峻。穆宗建城，號黑河州。每歲來幸，射虎障鷹，軍國之事多委大臣。後遇弒於此。以地苦寒，統和八年，州廢。聖宗秋畋，愛其奇秀，建號慶州〔二六〕。遼國五代祖勃突，貌異常，有武略，力敵百人，衆推爲王。生于勃突山，因以名；沒，葬山下。在州二百里〔二七〕。慶雲山，本黑嶺也。聖宗駐蹕，愛羨曰：「吾萬歲後，當葬此。」興宗遵遺命，建永慶陵。有望仙殿、御容殿。置蕃、漢守陵三千戶，並隸大內都總管司。在州西二十里。有黑山、赤山、太保山、老翁嶺、饅頭山、興國湖、轄失濼、黑河。景福元年復置，更隸興聖宮。統縣三：

玄德縣〔二八〕。本黑山黑河之地。景福元年，括落帳人戶，從便居之。戶六千。

孝安縣。

富義縣。本義州，太宗遷渤海義州民於此〔二九〕。重熙元年降爲義豐縣，後更名。隸弘義宮。

泰州，德昌軍，節度。本契丹二十部族放牧之地。因黑鼠族累犯通化州，民不能禦，遂移東南六百里來，建城居之，以近本族。黑鼠穴居，膚黑，吻鋭，類鼠，故以名。州隸延慶宫，兵事屬東北統軍司。統縣二：

樂康縣。倚郭。

興國縣。本山前之民，因罪配遞至此，興宗置縣。户七百。

長春州，韶陽軍，下，節度。本鴨子河春獵之地。興宗重熙八年置。隸延慶宫，兵事隸東北統軍司。統縣一：

長春縣。本混同江地。燕、薊犯罪者流配於此。户二千。

烏州，静安軍，刺史。本烏丸之地，東胡之種也。遼北大王撥剌占爲牧〔三〇〕，建城，後官收。隸興聖宫。有遼河、夜河、烏丸川、烏丸山。統縣一：

愛民縣。撥剌王從軍南征，俘漢民置于此。户一千。

永州，永昌軍，觀察。承天皇太后所建。太祖於此置南樓。乾亨三年，置州于皇子韓八墓側。東潢河，南土河，二水合流，故號永州。冬月牙帳多駐此，謂之冬捺鉢。有木葉山，上建契丹始祖廟，奇首可汗在南廟，可敦在北廟，繪塑二聖并八子神像。相傳有神人乘白馬，自馬盂山浮土河而東，有天女駕青牛車由平地松林泛潢河而下。至木葉山，二水合流，相遇爲配偶，生八子。其後族屬漸盛，分爲八部。每行軍及春秋時祭，必用白馬青牛，示不忘本云。興王寺，有白衣觀音像。太宗援石晉主中國〔三一〕，自潞州迴，入幽州，幸大悲閣，指此像曰：「我夢神人令送石郎爲中國帝，即此也。」因移木葉山，建廟，春秋告賽，尊爲家神。興軍必告之，乃合符傳箭於諸部。又有高淀山、柳林淀，亦曰白馬淀〔三二〕。隸彰愍宮。統縣三：

長寧縣。本顯德府縣名。太祖平渤海，遷其民於此。户四千五百。

義豐縣。本鐵利府義州。遼兵破之，遷其民於南樓之西北，仍名義州。重熙元年，廢州，改今縣。在州西北一百里。又嘗改富義縣，屬泰州〔三三〕。始末不可具考，今兩存之。户一千五百。

慈仁縣。太宗以皇子只撒古亡，置慈州墳西。重熙元年，州廢，改今縣。户四百。

儀坤州，啓聖軍，節度。本契丹右大部地。應天皇后建州。回鶻糯思居之，至四世孫容我梅里，生應天皇后述律氏，適太祖。太祖開拓四方，平渤海，后有力焉。俘掠有伎藝者多歸帳下，謂之屬珊。以所生之地置州。州建啓聖院，中爲儀寧殿，太祖天皇帝、應天地皇后銀像在焉。隸長寧宮。統縣一〔三四〕：

廣義縣。本回鶻部牧地。應天皇后以四征所俘居之，因建州縣。統和八年，以諸宮提轄司户置來遠縣，十三年併入。户二千五百。

龍化州，興國軍，下，節度。本漢北安平縣地。契丹始祖奇首可汗居此，稱「龍庭」。太祖於此建東樓。唐天復二年，太祖爲迭烈部夷离堇，破代北，遷其民，建城居之。明年，伐女直，俘數百户實焉。天祐元年，增修東城，制度頗壯麗。十三年，太祖於城東金鈴岡受尊號曰大聖大明天皇帝，建元神册。天顯元年，崩于東樓〔三五〕。太宗升節度。隸彰愍宮，兵事屬北路女直兵馬司。刺史州一，未詳。統縣一：

龍化縣。太祖東伐女直，南掠燕、薊，所俘建城置邑。户一千。

降聖州，開國軍，下，刺史。本大部落東樓之地。太祖春月行帳多駐此。應天皇后夢神人金冠素服，執兵仗，貌甚豐美，異獸十二隨之。中有黑兔躍入后懷，因而有娠，遂生太宗。時黑雲覆帳，火光照室，有聲如雷，諸部異之。穆宗建州。四面各三十里，禁樵採放牧。先屬延昌宮，後隸彰愍宮。統縣一：

永安縣。本龍原府慶州縣名。太祖平渤海，破懷州之永安，遷其人置寨於此，建縣〔三六〕。戶八百。

饒州，匡義軍，中，節度。本唐饒樂府地。貞觀中置松漠府。太祖完葺故壘。有潢河、長水濼、沒打河、青山、大福山、松山。隸延慶宮。統縣三：

長樂縣。本遼城縣名。太祖伐渤海，遷其民，建縣居之。戶四千，內一千戶納鐵。

臨河縣。本豐永縣人〔三七〕，太宗分兵伐渤海，遷於潢水之曲。戶一千。

安民縣。太宗以渤海諸邑所俘雜置。戶一千。

頭下軍州〔三八〕

頭下軍州，皆諸王、外戚、大臣及諸部從征俘掠，或置生口，各團集建州縣以居之。橫帳諸王、國舅、公主許創立州城，自餘不得建城郭。朝廷賜州縣額。其節度使朝廷命之，刺史以下皆以本主部曲充焉。官位九品之下及井邑商賈之家，征税各歸頭下，唯酒税課納上京鹽鐵司。

徽州，宣德軍，節度。景宗女秦晉大長公主所建。媵臣萬户，在宜州之北二百里，因建州城。北至上京七百里。節度使以下，皆公主府署。户一萬。

成州，長慶軍，節度。聖宗女晉國長公主以上賜媵臣户置。在宜州北一百六十里〔三九〕，因建州城。北至上京七百四十里。户四千。

懿州，廣順軍，節度。聖宗女燕國長公主以上賜媵臣户置。在顯州東北二百里，因建州城。西北至上京八百里。户四千。

渭州，高陽軍，節度。駙馬都尉蕭昌裔建。尚秦國王隆慶女韓國長公主〔四〇〕，以所賜媵臣建州城。顯州東北二百五十里。遼制，皇子嫡生者，其女與帝女同。户一千。

壕州〔四一〕。國舅宰相南征，俘掠漢民，居遼東西安平縣故地。在顯州東北二百二十里，西北至上京七百二十里。户六千。

原州。本遼東北安平縣地。顯州東北三百里。國舅金德俘掠漢民建城。西北至上京八百里。户五百。

福州。國舅蕭寧建。南征俘掠漢民，居北安平縣故地。在原州北二十里，西北至上京七百八十里。户三百。

橫州。國舅蕭克忠建。部下牧人居漢故遼陽縣地，因置州城。在遼州西北九十里，西北至上京七百二十里。有橫山。户二百。

鳳州。橐離國故地，渤海之安寧郡境，南王府五帳分地。在韓州北二百里，西北至上京九百里。户四千〔四三〕。

遂州。本高州地，南王府五帳放牧於此。在檀州西二百里，西北至上京一千里。户五百。

豐州。本遼澤大部落，遥輦氏僧隱牧地。北至上京三百五十里。户五百。

順州。本遼隊縣地。橫帳南王府俘掠燕、薊、順州之民，建城居之。在顯州東北一百二十里，西北至上京九百里。户一千。

閭州。羅古王牧地，近醫巫閭山。在遼州西一百三十里，西北至上京九百五十里。户一千。

松山州。本遼澤大部落，橫帳普古王牧地。有松山。北至上京一百七十里。户五百。

豫州。橫帳陳王牧地。南至上京三百里。户五百。

寧州。本大賀氏勒得山，横帳管寧王放牧地。在豫州東八十里，西南至上京三百五十里。户三百。

邊防城

遼國西北界防邊城，因屯戍而立，務據形勝，不資丁賦。具列如左：

静州，觀察。本泰州之金山。天慶六年升。

鎮州，**建安軍**，節度。本古可敦城。統和二十二年皇太妃奏置。選諸部族二萬餘騎充屯軍，專捍禦室韋、羽厥等國，凡有征討，不得抽移。渤海、女直、漢人配流之家七百餘户，分居鎮、防、維三州〔四三〕。東南至上京三千餘里。

維州，刺史。

防州，刺史。

河董城。本回鶻可敦城，語訛爲河董城。久廢，遼人完之以防邊患。高州界女直常爲盜，劫掠行旅，遷其族於此。東南至上京一千七百里。

静邊城。本契丹二十部族水草地。北鄰羽厥，每入爲盜，建城，置兵千餘騎防之。東南至上京一千五百里。

皮被河城。地控北邊，置兵五百於此防托。皮被河出回紇北，東南經羽厥，入臚朐河，沿河董城北，東流合沱漉河，入于海。南至上京一千五百里。

招州，**綏遠軍**，刺史。開泰三年以女直户置。隸西北路招討司。

塔懶主城。大康九年置。在臚朐河。

校勘記

〔一〕有幽涿檀薊順營平蔚朔雲應新嬀儒武寰十六州　本書卷四太宗紀下會同元年十一月及新五代史卷八晉高祖紀、通鑑卷二八〇後晉紀一高祖天福元年十一月癸巳、宋會要蕃夷一之一、會編卷二一，十六州内有瀛、莫，無營、平。按廿二史考異卷八三遼史地理志條謂瀛、莫二州得而旋失，後人因以營、平計入十六州，此處蓋相沿而誤。

〔二〕貞觀三年以其地置玄州　「三年」疑誤。按新唐書卷四三下地理志七下謂玄州置於貞觀二十年，通鑑卷一九九唐紀一五則謂置於貞觀二十二年。

〔三〕芬阿部曰羽陵州　「芬阿部」，本書卷三二營衛志中、卷六三世表，唐會要卷七三營州都督府，册府卷九七七外臣部降附，新唐書卷四三下地理志七下、卷二一九契丹傳均作「芬問部」。

〔四〕天梯蒙國別魯　「蒙國」二字原闕，據本書卷一一六國語解補。

〔五〕淶流河自西北南流遶京三面東入于曲江其北東流爲按出河　金史卷二四地理志上會寧府條，淶流河、曲江、按出河均在金上京附近，此處蓋將遼上京與金上京混爲一談。參見賈敬顏東北古地理古民族叢考、馮永謙遼上京附近水道辨誤——兼考金上京之曲江縣故址。

〔六〕御河　大典卷七七〇二引遼史地理志作「枯河」。

〔七〕火神淀　原作「大神淀」，據通鑑卷二九〇後周紀一太祖廣順元年九月、宋會要蕃夷一之一四及通考卷三四五四裔考二二契丹上改。

〔八〕兔兒山　本書卷三二營衛志中作「吐兒山」。

〔九〕鑿山　大典卷七七〇二引遼史地理志作「鑒山」。

〔一〇〕户三萬六千五百　下文上京道户數計爲八萬九千七百，臨潢府所統十縣户數爲二萬二千五百，皆與此不合。

〔一一〕轄軍府州城二十五　「二十五」與下文所列軍、府、州、城實數不合。

〔一二〕户三千　原作「二千」，據明鈔本、南監本、北監本、殿本改。又本書卷三六兵衛志下五京鄉丁條謂定霸縣丁六千，按一户二丁通例，亦當以「三千」爲是。

〔一三〕統和八年以諸宫提轄司人户置　本書卷一五聖宗紀六開泰二年四月，「詔從上京請，以韓斌所括贍國、撻魯河、奉豪等州户二萬五千四百有奇，置長霸、興仁、保和等十縣」，與此異。

〔一四〕隸彰愍宫　本書卷三一營衛志上，保和縣隸永興宫。

〔一五〕五鸞　原作「五鑾」，據本書卷三太宗紀上、卷一五聖宗紀六、卷一六聖宗紀七、卷二四道宗紀四改。

〔一六〕南曰順陽　「順陽」，大典卷七七〇二引遼史地理志作「順歸」。

〔一七〕曰南福　諸本皆置於此處，疑此三字當在「南曰順陽」下。

〔一八〕又西北安國寺太宗所建　「太宗」，疑當作「太祖」。按本書卷二太祖紀下，天贊四年十一月丁酉，「幸安國寺」，知太祖時已有安國寺。

〔一九〕中京正北八十里至松山館　此句疑有闕文。按長編卷八八大中祥符九年九月己酉引薛映、張士遜所上行程録及通考卷三四六四裔考二三契丹中皆謂自中京正北八十里至臨都館，又四十里至官窑館，又七十里至松山館；契丹國志卷二四富鄭公行程録亦同。疑所闕爲臨都館、官窑館兩程。

〔二〇〕唐於契丹嘗置饒樂州　「州」字諸本皆闕，據長編卷八八大中祥符九年九月己酉引薛映、張士遜所上行程録及通考卷三四六四裔考二三契丹中補。

〔二一〕涼淀　本書諸帝紀、卷六八遊幸表及鄭頡墓誌並作「涼陘」。

〔二二〕祖州天成軍上節度本遼右八部世没里地　「天成軍」，本書太祖紀、太宗紀、聖宗紀並作「天城軍」。又「右八部」，疑當作「右大部」。按本書卷三二營衛志中阻午可汗二十部中有右大部，下文儀坤州亦有右大部之名。索隱卷三祖州條謂「右」當作「古」。又「世没里」，本書卷一一六國語解、新五代史卷七二四夷附録一、通考卷三四五四裔考二二契丹上皆作「世里」，契丹國志卷二三族姓原始同，或謂作「世里没里」。

〔二三〕各有太祖微時兵仗器物及服御皮毳之類　「仗」，原作「伐」，據明鈔本、南監本、北監本、殿本改。按大典卷七七〇二引遼史地理志作「戈」。

〔二四〕顯理縣本顯理府人　「顯理」，疑當作「顯德」。按新唐書卷二一九渤海傳，渤海無「顯理府」，有顯德府。

〔二五〕慶州玄寧軍　本書卷二四道宗紀四大康十年十二月乙未謂「改慶州大安軍曰興平」。然重熙八年趙爲幹墓誌、重熙十八年慶州螭首造像建塔碑、慶州五層塔室碑及保大元年劉暐墓誌皆作玄寧軍，金史卷二四地理志上慶州軍號亦作玄寧。

〔二六〕聖宗秋畋愛其奇秀建號慶州　按諸下文及本書卷一八興宗紀一景福元年七月甲寅，知慶州始置於興宗景福元年，非聖宗所置。

〔二七〕在州二百里　「州」下疑闕方位字。

〔二八〕玄德縣　本書卷三六兵衛志下五京鄉丁及大康十年高玄圭墓誌並作「玄寧縣」。

〔二九〕太宗遷渤海義州民於此　「此」字原闕，據明鈔本、南監本、北監本、殿本補。

〔三〇〕遼北大王撥剌占爲牧　「牧」下應有「地」或「場」字，文意始完。

〔三一〕太宗援石晉主中國　「太宗」，原作「太祖」。按援石晉爲太宗時事，今據改。

〔三〕柳林淀亦曰白馬淀　「白馬淀」，原作「馬淀」，據本書卷一八興宗紀一重熙七年十月丙寅及卷三二營衞志中改。

〔三〕又嘗改富義縣屬泰州　上文富義縣屬慶州。

〔四〕統縣一　「一」字原闕，據明鈔本、南監本、北監本、殿本補。

〔五〕天顯元年崩于東樓　本書卷二太祖紀下天顯元年七月甲戌，太祖崩於渤海扶餘府，與此異。

〔六〕「永安縣」至「建縣」　此段既云「永安縣」。本龍原府慶州縣名」，又云「破懷州之永安」，二者或有一誤，或永安先後隸屬慶、懷二州。

〔七〕本豐永縣人　「豐永縣」，本書卷三八地理志二遼陽府仙鄉縣條作「永豐縣」。

〔八〕頭下軍州　原無此目。契丹國志卷二二州縣載記有「投下州」一目。按「頭下軍州」皆因諸王、外戚、大臣私城所建，與以上州軍性質不同，且以下頭下軍州不全在上京道境内。今仿下文「邊防城」例，增此一目。

〔九〕在宜州北一百六十里　「一」，原作「然」，據明鈔本、南監本、北監本、殿本改。

〔四〇〕尚秦國王隆慶女韓國長公主　「秦國王」，本書卷一五聖宗紀六開泰元年、五年、六年，卷六四皇子表及秦晉國大長公主墓誌、耶律宗政墓誌、耶律宗允墓誌、秦晉國妃墓誌並作「秦晉國王」。

〔四一〕壕州　「壕」，遼、金、元三史多作「豪」，陳萬墓誌、劉承嗣墓誌、蕭僅墓誌亦均作「豪」。

〔四二〕户四千　據本書卷三六兵衞志下五京鄉丁條，鳳州丁一千。按一户二丁通例，户、丁數當有一誤。

〔四三〕分居鎮防維三州　「三」，原作「二」，據文義改。羅校疑「鎮」字衍，「二」字不誤。

遼史卷三十八

志第八

地理志二

東京道

東京遼陽府，本朝鮮之地。周武王釋箕子囚，去之朝鮮，因以封之。作八條之教，尚禮義，富農桑，外户不閉，人不爲盜。傳四十餘世。燕屬真番、朝鮮，始置吏、築障。秦屬遼東外徼。漢初，燕人滿王故空地。武帝元封三年，定朝鮮爲真番、臨屯、樂浪、玄菟四郡。後漢出入青、幽二州，遼東、玄菟二郡，沿革不常。漢末爲公孫度所據，傳子康；孫淵，自稱燕王，建元紹漢，魏滅之。晉陷高麗，後歸慕容垂；子寶，以勾麗王安爲平州牧居之。元魏太武遣使至其所居平壤城，遼東京本此。唐高宗平高麗，於此置安東都護府；

後爲渤海大氏所有。大氏始保挹婁之東牟山。武后萬歲通天中，爲契丹盡忠所逼，有乞乞仲象者，度遼水自固，武后封爲震國公。傳子祚榮，建都邑，自稱震王，併吞海北，地方五千里，兵數十萬。中宗賜所都曰忽汗州，封渤海郡王。十有二世至彝震，僭號改元〔一一〕，擬建宮闕，有五京、十五府、六十二州，爲遼東盛國。忽汗州即故平壤城也，號中京顯德府〔一二〕。太祖建國，攻渤海，拔忽汗城，俘其王大諲譔，以爲東丹王國，立太子圖欲爲人皇王以主之。神冊四年，葺遼陽故城，以渤海、漢户建東平郡，爲防禦州。天顯三年，遷東丹國民居之，升爲南京。

城名天福〔一三〕，高三丈，有樓櫓，幅員三十里。八門：東曰迎陽，東南曰韶陽，南曰龍原，西南曰顯德，西曰大順，西北曰大遼，北曰懷遠，東北曰安遠。宮城在東北隅，高三丈，具敵樓，南爲三門，壯以樓觀，四隅有角樓，相去各二里。宮牆北有讓國皇帝御容殿。大内建二殿，不置宮嬪，唯以内省使副、判官守之。大東丹國新建南京碑銘，在宮門之南。外城謂之漢城，分南北市，中爲看樓；晨集南市，夕集北市。街西有金德寺，大悲寺，駙馬寺，鐵幡竿在焉；趙頭陀寺；留守衙；户部司；軍巡院，歸化營軍千餘人，河、朔亡命，皆籍于此。東至北烏魯虎克四百里，南至海邊鐵山八百六十里，西至望平縣海口三百六十里，北至挹婁縣范河二百七十里。東、西、南三面抱海。遼河出東北山口爲范河，西南流爲大口，入于海；東梁河自東山西流，與渾河合爲小口，會遼河入于海，又名太子河，亦曰大梁水；渾河在東梁、范河之間；沙河出東南山西北流，徑蓋州入于海。有蒲河；清河；浿水，亦曰泥河，又曰蓒芋濼，水多蓒芋之草；駐蹕山，唐太宗征高麗，駐蹕其巔數日，勒石紀功焉，俗稱手山，山巔平石之上有掌指之狀，泉出其中，取之不竭。又有明王山、白石山——亦曰横山。天顯十三年，改南京爲東京，府曰遼陽。

户四萬六百四〔四〕。轄州、府、軍、城八十七〔五〕。統縣九：

遼陽縣。本渤海國金德縣地。漢浿水縣，高麗改爲勾麗縣，渤海爲常樂縣。户一千五百。

仙鄉縣。本漢遼隊縣，渤海爲永豐縣。神仙傳云：「仙人白仲理能煉神丹，點黄金，以救百姓。」户一千五百。

鶴野縣。本漢居就縣地，渤海爲雞山縣。昔丁令威家此，去家千年，化鶴來歸，集於華表柱，以咮畫表云：「有鳥有鳥丁令威，去家千年今來歸；城郭雖是人民非，何不學仙塚纍纍。」户一千二百。

析木縣〔六〕。本漢望平縣地，渤海爲花山縣。户一千。

紫蒙縣。本漢鏤芳縣地〔七〕。後拂涅國置東平府，領蒙州紫蒙縣。後徙遼城，并入黄嶺縣。渤海復爲紫蒙縣。户一千。

興遼縣。本漢平郭縣地，渤海改爲長寧縣。唐元和中，渤海王大仁秀南定新羅，北略諸部，開置郡邑，遂定今名。户一千。

肅慎縣。以渤海户置。

歸仁縣。

順化縣。

開州，鎮國軍，節度。本濊貊地，高麗爲慶州，渤海爲東京龍原府。有宫殿。都督慶、鹽、穆、賀四州事。故縣六：曰龍原、永安、烏山、壁谷、熊山、白楊，皆廢。疊石爲城，周圍二十里。唐薛仁貴征高麗，與其大將温沙門戰熊山，擒善射者於石城，即此。太祖平渤海，徙其民于大部落，城遂廢。聖宗伐新羅還〔八〕，周覽城基，復加完葺。開泰三年，遷雙、韓二州千餘户實之，號開封府開遠軍，節度；更名鎮國軍。隸東京留守，兵事屬東京統軍司。統州三、縣一：

開遠縣。本柵城地，高麗爲龍原縣，渤海因之，遼初廢。聖宗東討，復置以軍額。民户一千〔九〕。

鹽州。本渤海龍河郡，故縣四：海陽、接海、格川、龍河，皆廢。户三百。隸開州。相去二百四十里。

穆州，保和軍，刺史。本渤海會農郡，故縣四：會農、水歧、順化、美縣，皆廢。户三百。隸開州。東北至開州一百二十里。統縣一：

會農縣。

賀州，刺史。本渤海吉理郡，故縣四：洪賀、送誠、吉理、石山，皆廢。户三百。隸開州。

定州，保寧軍。高麗置州，故縣一，曰定東。聖宗統和十三年升軍，遷遼西民實之。隸東京留守司。統縣一：

定東縣。高麗所置，遼徙遼西民居之。户八百。

保州，宣義軍，節度。高麗置州，故縣一，曰來遠。聖宗以高麗王詢擅立，問罪不服，統和末，高麗降〔一〇〕。開泰三年取其保、定二州，於此置榷場。隸東京統軍司。統州、軍二，縣一：

來遠縣。初徙遼西諸縣民實之，又徙奚、漢兵七百防戍焉。户一千。

宣州，定遠軍，刺史。開泰三年徙漢户置。隸保州。

懷化軍，下，刺史。開泰三年置。隸保州。

辰州，奉國軍，節度。本高麗蓋牟城。唐太宗會李世勣攻破蓋牟城，即此。渤海改爲蓋州，又改辰州，以辰韓得名。井邑駢列，最爲衝會。遼徙其民於祖州。初曰長平軍。户二千。隸東京留守司。統縣一：

建安縣。

盧州，玄德軍，刺史。本渤海杉盧郡，故縣五：山陽、杉盧、漢陽、白巖、霜巖，皆廢。户三百。在京東一百三十里。兵事屬南女直湯河司。統縣一：

熊岳縣。西至海一十五里，傍海有熊岳山。

來遠城。本熟女直地。統和中伐高麗，以燕軍驍猛，置兩指揮，建城防戍。兵事屬東京統軍司。

鐵州，建武軍，刺史。本漢安市縣，高麗爲安市城。唐太宗攻之不下，薛仁貴白衣登城，即此。渤海置州，故縣四：位城、河端〔一二〕、蒼山、龍珍，皆廢。户一千。在京西南六十里。統縣一：

湯池縣。

興州，中興軍〔一三〕，節度。本漢海冥縣地。渤海置州，故縣三：盛吉、蒜山、鐵山，皆廢。户二百。在京西南三百里。

湯州。本漢襄平縣地。故縣五：靈峰、常豐、白石、均谷、嘉利，皆廢。户五百。在京西北一百里。

崇州，隆安軍，刺史。本漢長岑縣地。渤海置州，故縣三：崇山、潙水、緑城，皆廢。户五百。在京東北一百五十里。統縣一：

崇信縣。

海州，南海軍，節度。本沃沮國地。高麗爲沙卑城，唐李世勣嘗攻焉。渤海號南京南海府。疊石爲城，幅員九里，都督沃、晴、椒三州。故縣六：沃沮、鷲巖、龍山、濱海、昇平、靈泉，皆廢。太平中，大延琳叛，南海城堅守，經歲不下，别部酋長皆被擒，乃降。因盡徙其人於上京，置遷遼縣，移澤州民來實之。户一千五百〔一三〕。統州二、縣一：

臨溟縣。

耀州，刺史。本渤海椒州，故縣五：椒山、貂嶺、澌泉、尖山、巖淵，皆廢。户七百。隸海州。東北至海州二百里。統縣一：

巖淵縣。東界新羅，故平壤城在縣西南。東北至海州一百二十里。

嬪州，柔遠軍，刺史。本渤海晴州，故縣五：天晴、神陽、蓮池、狼山、仙巖，皆廢。户五百。隸海州。東南至海州一百二十里。

淥州，鴨淥軍，節度。本高麗故國，渤海號西京鴨淥府。城高三丈，廣輪二十里，都督神、桓、豐、正四州事。故縣三：神鹿、神化、劍門，皆廢。大延琳叛，遷餘黨於上京，置易俗縣居之。在者户二千。隸東京留守司。統州四、縣二：

弘聞縣。

神鄉縣。

桓州。高麗中都城，故縣三：桓都、神鄉、淇水〔二四〕，皆廢。高麗王於此刱立宮闕，國人謂之新國。五世孫釗，晉康帝建元初爲慕容皝所敗，宮室焚蕩。户七百。隸渌州。在西南二百里。

豐州。渤海置盤安郡，故縣四：安豐、渤恪、隰壤、硤石，皆廢。户三百。隸渌州。在東北二百一十里。

正州。本沸流王故地，國爲公孫康所併。渤海置沸流郡。有沸流水。户五百。隸渌州。在西北三百八十里。統縣一：

東那縣。本漢東耐縣地〔二五〕。在州西七十里。

慕州。本渤海安遠府地，故縣二：慕化、崇平，久廢。户二百。隸渌州。在西北二百里。

顯州，奉先軍，上，節度。本渤海顯德府地。世宗置，以奉顯陵。顯陵者，東丹人皇王墓也。人皇王性好讀書，不喜射獵，購書數萬卷，置醫巫閭山絶頂，築堂曰望海。山南去海一百三十里。大同元年，世宗親護人皇王靈駕歸自汴京。以人皇王愛醫巫閭山水奇秀，因葬焉。山形掩抱六重，於其中作影殿，制度宏麗。州在山東南，遷東京三百餘户以實之。應曆元年，穆宗葬世宗於顯陵西山，仍禁樵採。有十三山，有沙河。隸長寧、積慶二宮，兵事屬東京都部署司。統州三、縣三：

奉先縣〔一六〕。本漢無慮縣，即醫巫閭，幽州鎮山。世宗析遼東長樂縣民以爲陵户，隸長寧宮。

山東縣。本漢望平縣。穆宗割渤海永豐縣民爲陵户，隸積慶宮。

歸義縣。初置顯州，渤海民自來助役，世宗嘉憫，因籍其人户置縣，隸長寧宮。

嘉州，嘉平軍，下，刺史。隸顯州。

遼西州，阜成軍，中，刺史。本漢遼西郡地，世宗置州，隸長寧宮，屬顯州。統縣一：

長慶縣。統和八年，以諸宮提轄司人户置。

康州，下，刺史。世宗遷渤海率賓府人户置，屬顯州。初隸長寧宮，後屬積慶宮。統縣一：

率賓縣。本渤海率賓府地〔一七〕。

宗州，下，刺史。在遼東石熊山，耶律隆運以所俘漢民置。聖宗立爲州，隸文忠王府。王薨，屬提轄司。統縣一：

熊山縣。本渤海縣地。

乾州，廣德軍，上，節度。本漢無慮縣地。聖宗統和三年置〔一八〕，以奉景宗乾陵。有凝神殿。隸崇德宫，兵事屬東京都部署司。統州一、縣四：

奉陵縣。本漢無慮縣地。括諸落帳户，助營山陵。

延昌縣。析延昌宫户置。

靈山縣。本渤海靈峰縣地。

司農縣。本渤海麓郡縣，併麓波、雲川二縣入焉。

海北州，廣化軍，中，刺史。世宗以所俘漢户置。地在閭山之西，南海之北。初隸宣州〔一九〕，後屬乾州。統縣一：

開義縣〔二〇〕。

貴德州，寧遠軍，下，節度。本漢襄平縣地，漢公孫度所據。太宗時察割以所俘漢民置。後以弑逆誅，没入焉。聖宗建貴德軍〔三二〕，後更名。有陀河、大寶山。隸崇德宮，兵事屬東京都部署司。統縣二：

貴德縣。本漢襄平縣，渤海爲崇山縣。

奉德縣。本渤海緣城縣地〔三三〕，常置奉德州。

瀋州，昭德軍，中，節度。本挹婁國地。渤海建瀋州，故縣九，皆廢〔三三〕。太宗置興遼軍，後更名。初隸永興宮〔三四〕，後屬敦睦宮，兵事隸東京都部署司。統州一、縣二：

樂郊縣。太祖俘薊州三河民，建三河縣，後更名。

靈源縣。太祖俘薊州吏民，建漁陽縣，後更名。

巖州，白巖軍，下，刺史。本渤海白巖城，太宗撥屬瀋州。初隸長寧宮，後屬敦睦宮。統縣一：

白巖縣。渤海置。

集州，懷衆軍〔三五〕，下，刺史。古陴離郡地，漢屬險瀆縣，高麗爲霜巖縣，渤海置州。統縣一：

奉集縣。渤海置。

廣州，防禦。漢屬襄平縣，高麗爲當山縣，渤海爲鐵利郡。太祖遷渤海人居之，建鐵利州，統和八年省。開泰七年以漢户置。統縣一：

昌義縣。

遼州，始平軍，下，節度。本拂涅國城，渤海爲東平府。唐太宗親征高麗，李世勣拔遼城；高宗詔程振、蘇定方討高麗〔二六〕，至新城，大破之；皆此地也。太祖伐渤海，先破東平府，遷民實之。故東平府都督伊、蒙、陀、黑、北五州〔二七〕，共領縣十八，皆廢。太祖改爲州，軍曰東平，太宗更爲始平軍。有遼河、羊腸河、錐子河、蛇山、狼山、黑山、巾子山。隸長寧宫，兵事屬北女直兵馬司。統州一、縣二：

遼濱縣。

安定縣。

祺州〔二八〕，祐聖軍，下，刺史。本渤海蒙州地。太祖以檀州俘於此建檀州，後更名。隸弘義宫，兵事屬北女直兵馬司。統縣一：

慶雲縣。太祖俘密雲民，於此建密雲縣，後更名。

遂州，刺史。本渤海美州地，採訪使耶律頗德以部下漢民置。穆宗時，頗得嗣絶，没入焉。隸延昌宮。統縣一：

山河縣。本渤海縣，併黑川、麓川二縣置。

通州，**安遠軍**，節度。本扶餘國王城，渤海號扶餘城。太祖改龍州，聖宗更今名。保寧七年，以黄龍府叛人燕頗餘黨千餘户置，升節度〔二九〕。統縣四：

通遠縣。本渤海扶餘縣，併布多縣置。

安遠縣。本渤海顯義縣，併鵲川縣置。

歸仁縣。本渤海强帥縣〔三〇〕，併新安縣置。

漁谷縣。本渤海縣。

韓州，**東平軍**，下，刺史。本藁離國舊治柳河縣。高麗置鄚頡府，都督鄚、頡二州〔三一〕。渤海因之。今廢。太宗置三河、榆河二州。聖宗併二州置。隸延昌宮，兵事屬北女直兵馬司。統縣一：

柳河縣。本渤海粵喜縣地〔三二〕，併萬安縣置。

雙州，保安軍，下，節度。本挹婁故地。渤海置安定郡，久廢。漚里僧王從太宗南征，以俘鎮、定二州之民建城置州。察割弑逆誅，没入焉。初隸延昌宫，後屬崇德宫，兵事隸北女直兵馬司。統縣一：

雙城縣。本渤海安夷縣地。

銀州，富國軍，下，刺史。本渤海富州，太祖以銀冶更名。隸弘義宫，兵事屬北女直兵馬司。統縣三：

延津縣。本渤海富壽縣，境有延津故城，更名。

新興縣。本故越喜國地，渤海置銀冶，常置銀州。

永平縣。本渤海優富縣地，太祖以俘户置。舊有永平寨。

同州，鎮安軍，下，節度。本漢襄平縣地，渤海爲東平寨。太祖置州，軍曰鎮東，後更名。隸彰愍宮，兵事屬北女直兵馬司。統州一，未詳；縣二：

東平縣。本漢襄平縣地。産鐵，撥户三百採鍊，隨征賦輸。

永昌縣。本高麗永寧縣地。

咸州，安東軍，下，節度。本高麗銅山縣地，渤海置銅山郡。地在漢候城縣北，渤海龍泉府南。地多山險，寇盜以爲淵藪，乃招平、營等州客户數百，建城居之。初號郝里太保城，開泰八年置州。兵事屬北女直兵馬司。統縣一：

咸平縣。唐安東都護，天寶中治營、平二州間，即此。太祖滅渤海，復置安東軍。開泰中置縣。

信州，彰聖軍，下，節度。本越喜故城。渤海置懷遠府，今廢。聖宗以地鄰高麗，開泰初置州，以所俘漢民實之。兵事屬黄龍府都部署司。統州三，未詳；縣二：

武昌縣。本渤海懷福縣地，析平州提轄司及豹山縣一千户隸之。

定武縣。本渤海豹山縣地，析平州提轄司併乳水縣人户置。初名定功縣。

賓州，懷化軍，節度。本渤海城。統和十七年，遷兀惹户，置刺史于鴨子、混同二水之間〔三三〕，後升。兵事隸黄龍府都部署司〔三四〕。

龍州，黄龍府。本渤海扶餘府。太祖平渤海還，至此崩，有黄龍見，更名。保寧七年，軍將燕頗叛，府廢。開泰九年，遷城于東北，以宗州、檀州漢户一千復置。統州五、縣三：

黄龍縣。本渤海長平縣，併富利、佐慕、肅慎置。

遷民縣。本渤海永寧縣，併豐水、扶羅置。

永平縣。渤海置。

益州，觀察。屬黄龍府。統縣一：

靜遠縣。

安遠州，懷義軍，刺史。屬黄龍府。

威州，武寧軍，刺史。屬黄龍府。

清州，建寧軍，刺史。屬黄龍府。

雍州，刺史。屬黄龍府。

湖州，興利軍，刺史。渤海置。兵事隸東京統軍司。統縣一：
長慶縣。
渤州，清化軍，刺史。渤海置。兵事隸東京統軍司。統縣一：
貢珍縣。渤海置。
郢州，彰聖軍，刺史。渤海置。兵事隸北女直兵馬司。統縣一：
延慶縣。
銅州，廣利軍，刺史。渤海置。兵事隸北兵馬司。統縣一：
析木縣。本漢望平縣地，渤海爲花山縣。初隸東京，後來屬。
涑州，刺史。渤海置。兵事隸南兵馬司。
率賓府，刺史。故率賓國地。

定理府，刺史。故挹婁國地。

鐵利府，刺史。故鐵利國地。

安定府。

長嶺府。

鎮海府，防禦。兵事隸南女直湯河司。統縣一：

平南縣。

冀州，防禦。聖宗建，升永安軍。

東州。以渤海户置。

尚州。以渤海户置。

吉州，**福昌軍**，刺史。

麓州，下，刺史。渤海置。

荆州，刺史。

懿州，**寧昌軍**，節度。太平三年越國公主以媵臣户置。初曰慶懿軍，更曰廣順軍，隸上京。清寧七年宣懿皇后進入，改今名。統縣二：

寧昌縣。本平陽縣。

順安縣。

媵州〔三五〕，**昌永軍**，刺史。

順化城，嚮義軍，下，刺史。開泰三年以漢户置。兵事隸東京統軍司。

寧州，觀察。統和二十九年伐高麗，以渤海降户置。兵事隸東京統軍司。統縣一：

新安縣。

衍州，安廣軍，防禦。以漢户置。初刺史，後升軍。兵事屬東京統軍司。統縣一：

宜豐縣。

連州，德昌軍，刺史。以漢户置。兵事屬東京統軍司。統縣一：

安民縣。

歸州，觀察。太祖平渤海，以降户置，後廢。統和二十九年伐高麗，以所俘渤海户復置。兵事屬南女直湯河司。統縣一：

歸勝縣。

蘇州，**安復軍**，節度。本高麗南蘇，興宗置州。兵事屬南女直湯河司。統縣二：

來蘇縣。

懷化縣。

復州，**懷德軍**，節度〔三六〕。興宗置。兵事屬南女直湯河司。統縣二：

永寧縣。

德勝縣。

肅州，**信陵軍**，刺史。重熙十年州民亡入女直，取之復置。兵事隸北女直兵馬司。統縣一：

清安縣。

安州，刺史。兵事隸北女直兵馬司。

榮州。

率州。

荷州。

源州。

渤海州。

寧江州，混同軍，觀察。清寧中置。初防禦，後升。兵事屬東北統軍司。統縣一：

混同縣。

河州，德化軍。置軍器坊。

祥州，瑞聖軍，節度。興宗以鐵驪户置。兵事隸黄龍府都部署司。統縣一：

懷德縣。

校勘記

〔一〕十有二世至彝震僭號改元　新唐書卷二一九渤海傳，祚榮自號震國王，謚曰高王，子武藝改年曰仁安。故僭號改元，不自彝震始。

〔二〕「東京遼陽府」至「號中京顯德府」　此段敍述多有舛誤。「本朝鮮之地」，據史記卷一一五朝鮮列傳、漢書卷二八下地理志下，應作「本燕國地」。此段誤以遼陽爲平壤。又據新唐書卷二一九渤海傳，忽汗州爲上京龍泉府，非中京顯德府，去平壤城或遼陽甚遠。

〔三〕城名天福　疑文有訛誤。按本書卷二太祖紀下天顯元年二月丙午，改「忽汗城爲天福」，非謂南京遼陽「城名天福」。

〔四〕户四萬六百四　下文遼陽府及東京道所統州縣户數皆與此不合。按金史卷二四地理志上東京路遼陽府户數爲四萬六百四，疑此處以金代户數誤入遼史。

〔五〕轄州府軍城八十七　「八十七」與下文所列州、府、軍、城之數不合。

〔六〕析木縣　下文銅州析木縣條謂「初隸東京，後來屬」，則不應復載於此。

〔七〕本漢鏤芳縣地　「鏤芳」，漢書卷二八地理志、續漢書郡國志五均作「鏤方」，屬樂浪郡。

〔八〕聖宗伐新羅還　新羅亡於遼天顯十年，聖宗所伐實爲高麗，此處或係沿用舊稱。

〔九〕復置以軍額民户一千　張修桂、賴青壽遼史地理志平議疑此處「民」當作「名」；「復置，以軍額名」，意謂開遠縣以軍額名爲縣名。

〔一〇〕統和末高麗降　此六字原誤置於「開泰三年，取其保、定二州」句下，時間倒舛，今乙正。

〔一一〕河端　道光殿本考證引大典作「河瑞」。

〔一二〕興州中興軍　金史卷二四地理志上東京路瀋州挹樓縣條注云：「遼舊興州興中軍。」軍號與此異。

〔一三〕户一千五百　「一」，原作一字空格，據明鈔本、南監本、北監本、殿本補。

〔一四〕淇水　疑當作「淐水」。按道光殿本考證引元一統志、讀史方輿紀要卷三八淥州城條並作「淐水」。又漢書卷二八下地理志下樂浪郡條、續漢書郡國志五樂浪郡條亦有淐水縣。李慎儒遼史地理志考卷二淥州條謂淐水縣蓋渤海沿漢舊名，「淇」字當爲「淐」字之訛。

〔一五〕本漢東耐縣地　「東耐」疑誤。按漢無東耐縣，漢書卷二八下地理志下樂浪郡條有「東暆」、「不而」二縣。續通典卷一二九淥州條疑「耐」爲「暆」之誤，道光殿本考證謂「耐」與「而」通，蓋脱「暆」、「不」二字，索隱卷四則謂東耐或爲唐代那州。

〔一六〕奉先縣　金史卷二四地理志上廣寧府條及壽昌三年賈師訓墓誌均作「奉玄縣」。

〔一七〕率賓縣本渤海率賓府地　上文謂世宗遷渤海率賓府人户置州，而此處稱本渤海率賓府地，相互抵牾。索隱卷四謂遼率賓縣非渤海故地。

〔八〕聖宗統和三年置　本書卷一〇聖宗紀一，乾州置於乾亨四年十一月甲午。又常遵化墓誌云：「乾亨五年，授乾州觀察判官。」此處所記恐不確。

〔九〕宜州　疑當作「宜州」。按本書卷三九地理志三宜州條及金史卷二四地理志上義州條，此處所指應是中京道之宜州。

〔一〇〕開義縣　金史卷二四地理志上義州條同，本書卷三九地理志三宜州條作「聞義」。

〔一一〕聖宗建貴德軍　「建」，原作「外」，據明鈔本、南監本、北監本、殿本改。

〔一二〕本渤海緣城縣地　「緣城」，上文崇州條作「緑城」。

〔一三〕渤海建瀋州故縣九皆廢　滿洲源流考卷一〇瀋州條引元一統志云：「渤海建定理府，都督瀋、定二州，領定理、平邱、巖城、慕美、安夷、瀋水、安定、保山、能利九縣，此爲瀋州地。後罹兵火，其定州與縣並廢。」

〔一四〕初隸永興宮　「宮」字原闕，據本書卷三一營衛志上補。

〔一五〕集州懷衆軍　金史卷二四地理志上奉集縣條注云：「遼集州懷遠軍。」軍號與此異。

〔一六〕高宗詔程振蘇定方討高麗　「程振」，新唐書卷三高宗紀永徽六年二月乙丑、卷一一一蘇定方傳及卷二二〇高麗傳皆作「程名振」。

〔一七〕伊蒙陀黑北五州　「北」，新唐書卷二一九渤海傳作「比」。

〔二八〕祺州　原作「棋州」，據本書卷三一營衞志上算斡魯朵條、卷四八百官志四南面方州官條及金史卷二四地理志上慶雲縣條改。

〔二九〕聖宗更今名保寧七年以黄龍府叛人燕頗餘黨千餘户置升節度　本書卷八景宗紀上保寧七年九月，以燕頗餘黨千餘户「城通州」。中國歷史地圖集釋文彙編（東北卷）謂「聖宗」當作「景宗」。

〔三〇〕强師縣　本書卷三七地理志一定霸縣條及金史卷二四地理志上歸仁縣條均作「强師縣」。

〔三一〕高麗置鄚頡府都督鄚頡二州　新唐書卷二一九渤海傳，鄚頡府領鄚、高二州。

〔三二〕本渤海粵喜縣地　「粵喜」，下文銀州新興縣條作「越喜」。

〔三三〕置刺史于鴨子混同二水之間　本書卷一六聖宗紀七太平四年二月己未，「詔改鴨子河曰混同江」。然此後仍二名互見。又卷九八耶律儼傳謂清寧四年城鴨子、混同二水間，或以爲二名分指不同河段。

〔三四〕黄龍府都部署司　「司」，原作「事」，據上下文及卷三三營衞志下、卷三五兵衞志中、卷四六百官志二改。

〔三五〕勝州　本書卷四八百官志四南面方州官條及蕭僅墓誌、高爲裘墓誌、高澤墓誌均作「勝州」。

〔三六〕復州懷德軍節度　金史卷二四地理志上云：「復州，下，刺史，遼懷遠軍節度。」軍號與此異。

遼史卷三十九

志第九

地理志三

中京道

中京大定府，虞爲營州，夏屬冀州，周在幽州之分。秦郡天下，是爲遼西。漢爲新安平縣。漢末步奚居之，幅員千里，多大山深谷，阻險足以自固。魏武北征，縱兵大戰，降者二十餘萬，去之松漠。其後拓拔氏乘遼建牙於此〔一〕，當饒樂河水之南，温渝河水之北。唐太宗伐高麗，駐蹕於此。部帥蘇支從征有功。奚長可度率衆内附〔二〕，爲置饒樂都督府。咸通以後，契丹始大，奚族不敢復抗。太祖建國，舉族臣屬。聖宗常過七金山土河之濱，南望雲氣，有郛郭樓闕之狀，因議建都。擇良工於燕、薊，董役二歲，郛郭、宫掖、樓閣、府庫、市肆、廊廡，擬神都之制。統和二十四年，五帳院進故奚王牙帳地。二十五年，城之，實以漢户，號曰中京，府曰大定〔三〕。

皇城中有祖廟，景宗、承天皇后御容殿。城池湫濕，多鑿井泄之，人以爲便。大同驛以待宋使，朝天舘待新羅使，來賓舘待夏使。有七金山、馬盂山、雙山、松山、土河。

統州十、縣九：

大定縣。白霫故地。以諸國俘户居之。

長興縣〔四〕。本漢賓從縣。以諸部人居之。

富庶縣。本漢新安平地。開泰二年析京民置。

勸農縣。本漢賓從縣地。開泰二年析京民置。

文定縣。開泰二年析京民置。

升平縣。開泰二年析京民置。

歸化縣。本漢柳城縣地。

神水縣。本漢徒河縣地。開泰二年置。

金源縣〔五〕。本唐青山縣境。開泰二年析京民置。

恩州，懷德軍，下，刺史。本漢新安平縣地。太宗建州。開泰中，以渤海户實之。初隸永興宮，後屬中京。統縣一：

恩化縣。開泰中渤海人户置。

惠州，惠和軍，中，刺史。本唐歸義州地。太祖俘漢民數百户兔麛山下，創城居之，置州。屬中京。統縣一：

惠和縣。聖宗遷上京惠州民，括諸宮院落帳户置。

高州，觀察。唐信州之地。萬歲通天元年，以契丹室活部置。開泰中，聖宗伐高麗，以俘户置高州。有平頂山〔六〕、欒河。屬中京。統縣一：

三韓縣。辰韓爲扶餘，弁韓爲新羅，馬韓爲高麗。開泰中，聖宗伐高麗，俘三國之遺人置縣。户五千。

武安州，觀察。唐沃州地。太祖俘漢民居木葉山下，因建城以遷之，號杏堝新城。復以遼西户益之，更曰新州。統和八年改今名。初刺史，後升。有黄柏嶺、裊羅水箇没里水〔七〕。屬中京。統縣一：

沃野縣。

利州，中，觀察。本中京阜俗縣。統和二十六年置刺史州〔八〕，開泰元年升〔九〕。屬中京。統縣一：

阜俗縣。唐末，契丹漸熾，役使奚人，遷居琵琶川。統和四年置縣。初隸彰愍宫，更隸中京。後置州，仍屬中京。

榆州，高平軍，下，刺史。本漢臨渝縣地，後隸右北平驪城縣。唐載初二年，析慎州置黎州〔二〇〕，處靺鞨部落，後爲奚人所據。太宗南征，横帳解里以所俘鎮州民置州。開泰中没入。屬中京。統縣二：

和衆縣。本新黎縣地。

永和縣。本漢昌城縣地。統和二十二年置。

澤州，廣濟軍，下，刺史。本漢土垠縣地。太祖俘蔚州民，立寨居之，採煉陷河銀冶。隸中京留守司。開泰中置澤州。有松亭關、神山、九宫嶺、石子嶺、灤河、撒河。屬中京。統縣二：

神山縣。神山在西南。

灤河縣。本漢徐無縣地。屬永興宫。

北安州，興化軍，上，刺史。本漢女祁縣地，屬上谷郡。晉爲馮跋所據。唐爲奚王府西省地。聖宗以漢户置北安州。屬中京。統縣一：

利民縣〔二一〕。本漢且居縣地。

潭州，廣潤軍，下，刺史。本中京之龍山縣，開泰中置州，仍屬中京。統縣一：

龍山縣。本漢交黎縣地。開泰二年以習家寨置。

松山州〔一二〕，勝安軍，下，刺史。開泰中置。統和八年省，復置。屬中京。統縣一：

松山縣〔一三〕。本漢文成縣地。邊松漠，商賈會衝。開泰二年置縣。有松山川。

宋王曾上契丹事曰：出燕京北門，至望京館。五十里至順州。七十里至檀州，漸入山。五十里至金溝館。將至館，川原平曠，謂之金溝淀。自此入山，詰曲登陟，無復里堠，但以馬行記日，約其里數〔一四〕。九十里至古北口，兩傍峻崖，僅容車軌。又度德勝嶺，盤道數層，俗名思鄉嶺，八十里至新館。過雕窠嶺、偏槍嶺，四十里至卧如來館〔一五〕。過烏灤河〔一六〕，東有灤州，又過墨斗嶺，亦名度雲嶺〔一七〕，芹菜嶺，七十里至柳河館。松亭嶺甚險峻，七十里至打造部落館〔一八〕。東南行五十里至牛山館。八十里至鹿兒峽館。過蝦蟆嶺，九十里至鐵漿館。過石子嶺，自此漸出山，七十里至富谷館。八十里至通天館。二十里至中京大定府。城垣卑小，方圓纔四里許。門但重屋，無築闍之制。南門曰朱夏，門內通步廊，多坊門。又有市樓四：曰天方、大衢、通闤、望闕。次至大同館。其門正北曰陽德、閶闔。城內西南隅岡上有寺〔一九〕。城南有園圃，宴射之所。自過古北口〔二〇〕，居人草庵板屋，耕種，但無桑柘；所種皆從壠上，虞吹沙所壅。山中長松鬱然，深谷中時見畜牧牛馬槖駝，多青羊黄豖〔三一〕。

同昌縣。

成州，興府軍，節度。晉國長公主以媵户置，軍曰長慶，隷上京。復改軍名〔三二〕。統縣一：

興中府。本霸州彰武軍，節度。古孤竹國。漢柳城縣地。慕容皝以柳城之北，龍山之南，福德之地，乃築龍城，構宫廟，改柳城爲龍城縣，遂遷都，號曰和龍宫。慕容垂復居焉，後爲馮跋所滅。元魏取爲遼西郡。隋平高保寧〔三三〕，置營州。煬帝廢州置柳城郡。唐武德初，改營州總管府，尋爲都督府。萬歲通天中，陷李萬榮。神龍初，移府幽州。開元四年復治柳城。八年西徙漁陽。十年還柳城。後爲奚所據。太祖平奚及俘燕民，將建城，命韓知方擇其處〔三四〕。乃完葺柳城，號霸州彰武軍，節度。統和中，制置建、霸、宜、錦、白川等五州。尋落制置，隷積慶宫。後屬興聖宫。重熙十年升興中府〔三五〕。有大華山、小華山、香高山、麝香崖——天授皇帝刻石在焉、駐龍峪、神射泉、小靈河。統州二、縣四：

興中縣。本漢柳城縣地。太祖掠漢民居此，建霸城縣。重熙中置府，更名。

營丘縣。析霸城置。

象雷縣。開泰二年以麥務川置。初隸中京，後屬。

閭山縣。本漢且慮縣。開泰二年以羅家軍置。隸中京，後屬。

安德州，化平軍，下，刺史。以霸州安德縣置，來屬。統縣一：

安德縣。統和八年析霸城東南龍山徒河境户置。初隸乾州，更屬霸州，置州來屬。

黔州，阜昌軍，下，刺史。本漢遼西郡地。太祖平渤海，以所俘户居之，隸黑水河提轄司。安帝置州〔二六〕，析宜、霸二州漢户益之。初隸永興宮，更隸中京，後置府，來屬。統縣一：

盛吉縣。太祖平渤海，俘興州盛吉縣民來居，因置縣。

宜州，崇義軍，上，節度。本遼西纍縣地。東丹王每秋畋于此。興宗以定州俘户建州〔二七〕。有墳山，松柏連亘百餘里，禁樵採，浚河累石爲堤〔二八〕。隸積慶宫。統縣二：

弘政縣。世宗以定州俘户置。民工織紝，多技巧。

聞義縣〔二九〕。世宗置。初隸海北州，後來屬。

錦州，**臨海軍**，中，節度。本漢遼東無慮縣。慕容皝置西樂縣。太祖以漢俘建州。有大胡僧山、小胡僧山、大查牙山、小查牙山、淘河島。隸弘義宮。統州一、縣二：

永樂縣。

安昌縣。

嚴州，保肅軍，下，刺史。本漢海陽縣地。太祖平渤海，遷漢戶雜居興州境，聖宗於此建城焉。隸弘義宮。來屬。統縣一：

興城縣。

川州，**長寧軍**，中，節度。本唐青山州地。太祖弟明王安端置。會同三年，詔爲白川州。安端子察割以大逆誅，没入。省曰川州。初隸崇德宮，統和中屬文忠王府。統縣三：

弘理縣〔三〇〕。統和八年以諸宮提轄司戶置。

咸康縣。

宜民縣。統和中置。

建州，保靜軍，上，節度。唐武德中，置昌樂縣。太祖完葺故壘，置州。漢乾祐元年，故石晉太后詣世宗，求於漢城側耕墾自贍。許於建州南四十里給地五十頃，營構房室，創立宗廟。州在靈河之南，屢遭水害，聖宗遷於河北唐崇州故城〔三一〕。初名武寧軍〔三二〕，隸永興宮，後屬敦睦宮。統縣二：

永霸縣。

永康縣。本唐昌黎縣地。

來州，歸德軍，下，節度。聖宗以女直五部歲饑來歸，置州居之。初刺史，後升。隸永興宮。有三州山、六州山、五脂山〔三三〕。統州一〔三四〕、縣一：

來賓縣。本唐來遠縣地。

隰州，平海軍〔三五〕，下，刺史。慕容皝置集寧縣。聖宗括帳户遷信州，大雪不能進，建城於此，置焉。隸興聖宮。來屬。統縣一：

海濱縣〔三六〕。本漢縣。瀕海，地多鹻鹵，置鹽場於此。

遷州，興善軍，下，刺史。本漢陽樂縣地。聖宗平大延琳，遷歸州民置，來屬。有箭笴山。統縣一：

遷民縣。

潤州，海陽軍，下，刺史。聖宗平大延琳，遷寧州之民居此，置州。統縣一：

海陽縣。本漢陽樂縣地，遷潤州，本東京城内渤海民户，因叛移於此。

校勘記

〔一〕其後拓拔氏乘遼建牙於此　疑文有闕誤。按「乘遼」二字殊不可解。欽定熱河志卷六〇建置沿革遼引元一統志云：「奚匿松漠間，歷晉不敢復出。元魏時其部族始於此建牙帳。」

〔二〕奚長可度率衆内附　「可度」，舊唐書卷三太宗紀下貞觀二十二年十一月庚子、卷一九九下北狄傳，新唐書卷二一九北狄傳，通鑑卷一九九唐紀一五太宗貞觀二十二年十一月庚子並作「可度者」。

〔三〕「統和二十四年五帳院進故奚王牙帳地」至「府曰大定」　本書卷一四聖宗紀五統和二十年十二月云：「奚王府五帳六節度獻七金山土河川地。」與此繫年不合。按卷三六兵衞志下五京鄉丁條曰：「聖宗統和二十三年，城七金山，建大定府，號中京。」又上文記建中京事有「董役二歲」語。疑統和二十年獻七金山土河川地，二十三年始建城，二十五年中京成。

〔四〕長興縣　「長興」，原作「長安」。欽定熱河志卷六〇建置沿革遼引元一統志云：「遼既建中京，置長興爲赤縣」，金史卷二四地理志上北京路條大定府下有長興縣。又陳襄使遼語録謂中京南有長興館，當即長興縣。今據改。

〔五〕金源縣　金史卷二四地理志上北京路條同。本書卷一五聖宗紀六開泰二年二月丙子、大安三年董庠妻張氏墓誌、壽昌五年劉祜墓誌並作「金原縣」。

〔六〕平頂山　原作「半頂山」，欽定熱河志卷六八山四平頂山條引元一統志云：「平頂山在高州北五里。」今據改。

〔七〕梟羅水箇没里水　前一「水」字當係衍文。按新五代史卷七二四夷附録一謂契丹「其居曰梟羅個没里。没里者，河也」。又契丹國志卷首契丹國初興本末謂「梟羅箇没里，復名女古没里者（中略）華言所謂潢河是也」。知梟羅箇没里即潢河。

〔八〕統和二十六年置刺史州　金史卷二四地理志上北京路條謂利州「遼統和十六年置」，又統和二十三年王悦墓誌謂悦「葬於利州」，知統和二十六年前已有利州。

〔九〕開泰元年升　本書卷一五聖宗紀六謂統和二十九年六月庚戌「升薊州、利州爲觀察使」，與此異。

〔一〇〕唐載初二年析慎州置黎州　「慎州」，原作「鎮州」。按舊唐書卷三九地理志二河北道、新唐書卷四三下地理志七下河北道並作「黎州，載初二年，析慎州置」。今據改。

〔一一〕利民縣　疑當作「興化縣」。按金史卷二四地理志上北京路條謂「興州，本遼北安州興化軍興化縣」，興化縣下小注亦稱「遼舊縣」。又屬縣下注云：「又有利民縣，承安五年以利民寨升。」廿二史考異卷八三遼史地理志條因謂遼北安州有興化縣，無利民縣。又太平六年宋匡世墓誌謂匡世曾任「北安州興化縣令」。

〔一二〕松山州　原作「松江州」。按本書卷四八百官志四南面方州官條謂中京道有松山州，金史卷二四地理志上松山縣條謂遼有「松山州勝安軍松山縣」。今據改。

〔一三〕松山縣　原作「松江縣」。按本書卷一五聖宗紀六開泰二年二月丙子詔以「松山川爲松山縣」，與下文開泰二年置縣合。又金史卷二四地理志上松山縣條亦謂遼有「松山州勝安軍松山縣」。今據改。

〔一四〕以馬行記日約其里數　長編卷七九大中祥符五年十月己酉引王曾上契丹事、通考卷三四六四裔考二三契丹中、契丹國志卷二四王沂公行程録並作「以馬行記日景而約其里數」。宋會要蕃夷二之七作「以馬行記日而約其里數」。兩説皆通。

〔一五〕四十里至卧如來舘　「至」字原闕，據長編卷七九大中祥符五年十月己酉、宋會要蕃夷二之七引王曾上契丹事及契丹國志卷二四王沂公行程録補。

〔一六〕烏灤河　原作「烏濼河」，據長編卷七九大中祥符五年十月己酉、宋會要蕃夷二之七引王曾上契丹事及通考卷三四六四裔考二三契丹中、契丹國志卷二四王沂公行程録改。

〔一七〕墨斗嶺亦名度雲嶺　「墨斗」，原作「黑斗」，據大典卷一一九八一引遼史地理志及長編卷七九大中祥符五年十月己酉、宋會要蕃夷二之七引王曾上契丹事、通考卷三四六四裔考二三契丹中、契丹國志卷二四王沂公行程録改。又「亦名」二字原闕，據上引長編等書補。

〔一八〕至打造部落館　「至」、「館」二字原闕，據長編卷七九大中祥符五年十月己酉、宋會要蕃夷二之七引王曾上契丹事、通考卷三四六四裔考二三契丹中、契丹國志卷二四王沂公行程録補。

〔一九〕城内西南隅岡上有寺　「城」下原衍「西」字，據長編卷七九大中祥符五年十月己酉引王曾上契丹事及通考卷三四六四裔考二三契丹中、契丹國志卷二四王沂公行程録删。

〔二〇〕古北口　原作「北口」，據長編卷七九大中祥符五年十月己酉、宋會要蕃夷二之八引王曾上契丹事及契丹國志卷二四王沂公行程録改。

〔二一〕青羊黄豕　「羊」，原作「鹽」，據長編卷七九大中祥符五年十月己酉引王曾上契丹事及通考卷三四六四裔考二三契丹中、契丹國志卷二四王沂公行程録改。

〔二二〕復改軍名　此上應有「後來屬」三字。按本書卷三七地理志一上京道作「成州長慶軍」；卷一六聖宗紀七太平元年三月庚子，「駙馬都尉蕭紹業建私城，賜名睦州，軍曰長慶」。是此州原爲頭下州，名睦州，軍號長慶；後隸上京道，爲成州長慶軍；復改隸中京道，爲成州興府軍。

〔二三〕高保寧　北齊書卷四一高保寧傳同。本書卷四〇地理志四南京道營州條及北史卷五三高寶寧傳、隋書卷一高祖紀上開皇三年四月庚辰並作「高寶寧」。

〔二四〕命韓知方擇其處　「韓知方」，疑當作「韓知古」。按本書卷七四韓知古傳，神册初知古曾遥授彰武節度使，似與此事合。

〔二五〕重熙十年升興中府　「十年」，金史卷二四地理志上北京路條作「十一年」。

〔二六〕安帝置州　王士點禁扁卷一所記遼代宮衞，備載遼帝謚號，有稱「安帝」者。按本書穆宗紀，穆宗謚號「孝安敬正皇帝」，知安帝當即穆宗。然武經總要前集卷二二北蕃地理中京四面諸州條謂「黔州，虜王耶律德光初置」，與此異。

〔二七〕興宗以定州俘户建州　本書卷七五王郁傳謂太祖時已有宜州，景宗保寧二年劉承嗣墓誌、保寧十年李内貞墓誌、乾亨三年王裕墓誌及劉繼文墓誌皆有「宜州」。本書卷一三聖宗紀四又謂統和八年三月辛丑置宜州。下文所屬弘政縣，稱「世宗以定州俘户置」。此處所記恐不確。

〔二八〕浚河累石爲堤　「浚」，原作「埈」，據明鈔本、南監本、北監本、殿本改。

〔二九〕聞義縣　本書卷三八地理志二海北州條、金史卷二四地理志上義州條並作「開義縣」。參見卷三八地理志二校勘記〔二〇〕。

〔三〇〕弘理　本書卷一三聖宗紀四統和八年七月庚辰作「洪理」。

〔三一〕唐崇州故城　「唐」，原作「康」，據舊唐書卷三九地理志二河北道、新唐書卷四三下地理志七下河北道改。

〔三二〕初名武寧軍　「名」，原作「屬」。按金史卷二四地理志上建州條謂「遼初名軍曰武寧」。今據改。

〔二三〕五脂山　疑當作「五指山」。按明一統志卷二五遼東都指揮使司山川條有五指山，小注稱「五峰秀拔若手指然」；讀史方輿紀要卷三七山東八遼東都指揮使司廣寧前屯衛條亦稱「五指山，五峰秀拔若五指然」，當即此山。

〔二四〕統州二　「二」字疑誤。按下文實統三州。

〔二五〕隰州平海軍　金史卷二四地理志上海濱縣條注云：「遼隰州海平軍故縣」，軍號與此異。

〔二六〕海濱縣　原與下文潤州海陽縣互舛。按金史卷二四地理志上海濱縣條注稱「遼隰州海平軍故縣」，海陽縣下注稱「遼潤州海陽軍故縣」。又欽定熱河志卷六〇建置沿革遼引元一統志亦謂「遼隰州治海濱縣」。今據改。

遼史卷四十

志第十

地理志四

南京道

南京析津府，本古冀州之地。高陽氏謂之幽陵，陶唐曰幽都，有虞析爲幽州。商併幽於冀。周分并爲幽。職方：東北幽州，山鎮醫巫閭，澤藪貕養，川河、泲，浸菑、時，其利魚、鹽，其畜馬、牛、豕，其穀黍、稷、稻。武王封太保奭于燕。秦以其地爲漁陽、上谷、右北平、遼西、遼東五郡。漢爲燕國，歷封臧荼、盧綰、劉建、劉澤、劉旦，嘗置涿郡、廣陽國。後漢爲廣平國、廣陽郡；或合于上谷，復置幽州。後周置燕及范陽郡，隋爲幽州總管。唐置大都督府，改范陽節度使。安禄山、史思明、李懷仙、朱滔、劉怦、劉濟相繼割據。劉總歸唐。至張仲武、張允仲〔一〕，以正得民。劉仁恭父子僭爭，遂入五代。自唐而晉，高祖以遼有援立之勞，割幽州等十六州以獻〔二〕。太宗升爲南京，又曰燕京。

城方三十六里，崇三丈，衡廣一丈五尺。敵樓、戰櫓具。八門：東曰安東、迎春，南曰開陽、丹鳳，西曰顯西、清晉，北曰通天、拱辰。大内在西南隅。皇城内有景宗、聖宗御容殿二，東曰宣和，南曰大内。内門曰宣教，改元和；外三門曰南端、左掖、右掖。左掖改萬春，右掖改千秋。門有樓閣，毬場在其南，東爲永平館。皇城西門曰顯西，設而不開；北曰子北。西城顛有涼殿，東北隅有燕角樓。坊市、廨舍、寺觀，蓋不勝書。其外，有居庸、松亭、榆林之關〔三〕，古北之口，桑乾河、高梁河、石子河、大安山、燕山——中有瑶嶼。府曰幽都，軍號盧龍，開泰元年落軍額。

統州六、縣十一：

析津縣。本晉薊縣，改薊北縣，開泰元年更今名。以燕分野旅寅爲析木之津，故名〔四〕。户二萬。

宛平縣。本晉幽都縣，開泰元年改今名〔五〕。户二萬二千。

昌平縣。本漢軍都縣，後漢屬廣陽郡，晉屬燕國，元魏置東燕州、平昌郡及昌平縣〔六〕。郡廢，縣隸幽州。在京北九十里。户七千。

良鄉縣。燕爲中都縣，漢改良鄉縣，舊屬涿郡，北齊天保七年省入薊縣，武平六年復置。唐聖曆元年改固節鎮〔七〕，神龍元年復爲良鄉縣，劉守光徙治此。在京南六十里。户七千。

潞縣。本漢舊縣，屬漁陽郡。唐武德二年置元州，貞觀元年州廢，復爲縣。有潞水。在京東六十里。户六千。

安次縣。本漢舊縣，屬漁陽郡。唐武德四年徙置東南五十里石梁城，貞觀八年又徙今縣西五里常道城，開元二十三年又徙耿就橋行市南。在京南一百二十里。户一萬二千。

永清縣。本漢益昌縣，隋置通澤縣，唐置武隆縣，改會昌，天寶初爲永清縣。在京南一百五十里。户五千。

武清縣。前漢雍奴縣，屬漁陽郡。水經注〔八〕：雍奴者，藪澤之名，四面有水曰雍，不流曰奴。唐天寶初改武清。在京東南一百五十里。户一萬。

香河縣。本武清孫村。遼於新倉置榷鹽院，居民聚集，因分武清、三河、潞三縣户置〔九〕。在京東南一百二十里。户七千。

玉河縣。本泉山地。劉仁恭於大安山創宫觀，師煉丹羽化之術于方士王若訥，因割薊縣分置，以供給之。在京西四十里。户一千。

漷陰縣。本漢泉山之霍村鎮〔一〇〕。遼每季春，弋獵於延芳淀，居民成邑，就城故漷陰鎮〔一一〕，後改爲縣。在京東南九十里。延芳淀方數百里，春時鵝鶩所聚，夏秋多菱芡。國主春獵，衛士皆衣墨綠，各持連鎚、鷹食、刺鵝錐，列水次，相去五七步。上風擊鼓，驚鵝稍離水面。國主親放海東青鶻擒之。鵝墜，恐鶻力不勝，在列者以佩錐刺鵝，急取其腦飼鶻。得頭鵝者，例賞銀絹。國主、皇族、羣臣各有分地。户五千。

宋王曾上契丹事曰：自雄州白溝驛度河，四十里至新城縣，古督亢亭之地。又七十里至涿州。北渡范水、劉李河〔一二〕，六十里至良鄉縣。度盧溝河〔一三〕，六十里至幽州，號燕京。子城就羅郭西南爲之。正南曰啓夏門，内有元和殿，東門曰宣和。城中坊閈皆有樓。有閔忠寺，本唐太宗爲征遼陣亡將士所造；又有開泰寺，魏王耶律漢寧造。皆遣朝使遊觀。南門外有于越王廨〔一四〕，爲宴集之所。門外永平館，舊名碣石館，請和後易之〔一五〕。南即桑乾河。

順州，歸化軍，中，刺史。秦上谷、漢范陽〔一六〕、北齊歸德郡境。隋開皇中，粟末靺鞨與高麗戰不勝，厥稽部長突地稽率八部勝兵數千人，自扶餘城西北舉落内附，置順州以處之〔一七〕。唐武德初改燕州，會昌中改歸順州，唐末仍爲順州〔一八〕。有温渝河；白遂河；曹王山，曹操嘗駐軍于此；黍谷山，鄒衍吹律之地，南有齊長城。城東北有華林、天柱二莊，遼建涼殿，春賞花，夏納涼。初軍曰歸寧，後更名。統縣一：

懷柔縣。唐貞觀六年置，治五柳城，改順義縣。開元四年置松漠府彈汗州。天寶元年改歸化縣〔一九〕。乾元元年復今名〔二〇〕。户五千。

檀州，武威軍，下，刺史。本燕漁陽郡地，漢爲白檀縣。魏書：曹公歷白檀，破烏丸於柳城。續漢書：白檀在右北平。元魏創密雲郡，兼置安州。後周改爲元州。隋開皇十八年割燕樂、密雲二縣置檀州。唐天寶元年改密雲郡，乾元元年復爲檀州。遼加今軍號。有桑溪、鮑丘山、桃花山、螺山。統縣二：

密雲縣。本漢白檀縣，後漢以居厗奚。元魏置密雲郡，領白檀、要陽、密雲三縣。高齊廢郡及二縣，來屬。户五千。

行唐縣。本定州行唐縣。太祖掠定州，破行唐，盡驅其民，北至檀州，擇曠土居之，凡置十寨，仍名行唐縣。隸彰愍宫。户三千。

涿州，永泰軍，上，刺史。漢高祖六年分燕置涿郡，魏文帝改范陽郡，晉爲范陽國，元魏復爲郡。隋開皇三年罷郡，屬幽州，大業三年以幽州爲涿郡。唐武德元年郡廢，爲涿縣，七年改范陽縣，大曆四年置涿州。石晉以歸太宗〔二一〕。有大房山、六聘山、涿水、樓桑河、横溝河、禮遜河、祁溝河。統縣四：

范陽縣。本漢涿縣。唐武德中，改范陽縣。有涿水、范水。户一萬。

固安縣。本漢方城縣，先屬廣陽國。隋開皇九年，自易州淶水縣移置，屬幽州，取漢故安縣名。唐武德四年屬北義州〔二二〕，徙治章信堡。貞觀元年義州廢，移今治，復屬幽州。在州東南九十里。户一萬。

新城縣。本漢新昌縣。唐大曆四年析固安縣置，後省。後唐天成四年復析范陽縣置。在州南六十里。户一萬。

歸義縣。本漢易縣地。齊併入鄚縣。唐武德五年置北義州，州廢，復置縣來屬。民居在巨馬河南，僑治新城。户四千。

易州，高陽軍，上，刺史。漢爲易、故安二縣地〔二三〕。隋置易州，隋末爲上谷郡。唐武德四年復易州。天寶元年仍上谷郡。乾元元年又改易州。五代隸定州節度使。會同九年孫方簡以其地來附。應曆九年爲周世宗所取，後屬宋。統和七年攻克之，升高陽軍。有易水、淶水、狼山、太寧山、白馬山。統縣三：

易縣。本漢縣，故城在今縣東南六十里。齊天保七年省。隋開皇十六年，於故安城西北隅置縣，即今縣治也。户二萬五千。

淶水縣。本漢道縣，今縣北一里故道城是也〔二四〕。元魏移於故城南，即今縣置。周大象二年省。隋開皇十八年改淶水縣〔二五〕。在州東四十里。有淶水。户二萬七千。

容城縣。本漢縣，先屬涿郡，故城在雄州西南。唐武德五年屬北義州。貞觀元年還本屬。聖曆二年改全忠縣。天寶元年復名容城縣。在州東八十里。户民皆居巨馬河南，僑治涿州新城縣。户五千。

薊州，尚武軍，上，刺史。秦漁陽、右北平二郡地。隋開皇中徙治玄州總管府，煬帝改漁陽郡。唐武德元年廢入幽州，開元十八年分立薊州。統縣三：

漁陽縣。本漢縣，屬漁陽郡。晉省，復置。元魏省。唐屬幽州，開元十八年置薊州。有鮑丘水。户四千。

三河縣。本漢臨朐縣地，唐開元四年析潞州置〔二六〕。户三千。

玉田縣。本春秋無終子國。漢置無終縣，屬右北平郡。元魏屬漁陽郡治，省，唐武德二年復置。貞觀初省，乾封中復置。萬歲通天元年更名玉田。屬營州。開元四年還屬幽州。八年屬營州。十一年又屬幽州。十八年來屬。搜神記：

「雍伯，洛陽人，性孝，父母没，葬無終山。山高八十里，上無水，雍伯置飲。人有就飲者，與石一斗，種生玉，因名玉田。」户三千。

景州，清安軍，下，刺史。本薊州遵化縣，重熙中置。户三千。遵化縣，本唐平州買馬監，爲縣來屬。

平州，遼興軍，上，節度。商爲孤竹國，春秋山戎國。秦爲遼西、右北平二郡地，漢因之。漢末，公孫度據有，傳子康、孫淵，入魏。隋開皇中改平州，大業初復爲郡。唐武德初改州，天寶元年仍北平郡。後唐復爲平州。太祖天贊二年取之，以定州俘户錯置其地。統州二、縣三：

盧龍縣。本肥如國。春秋晉滅肥，肥子奔燕，受封於此。漢、晉屬遼西郡。元魏爲郡治，兼立平州。北齊屬北平郡。隋開皇中，省肥如，入新昌。十八年改新昌曰盧龍。唐爲平州，後因之。户七千。

安喜縣。本漢令支縣地，久廢。太祖以定州安喜縣俘户置。在州東北六十里〔二七〕。户五千。

望都縣。本漢海陽縣，久廢。太祖以定州望都縣俘户置。有海陽山。縣在州南三十里。户三千。

灤州，永安軍，中，刺史。本古黄洛城。灤河環繞，在盧龍山南。齊桓公伐山戎，見山神俞鬼〔二八〕，即此。秦爲右北平。漢爲石城縣，後名海陽縣。漢末爲公孫度所有。晉以後屬遼西。石晉割地，在平州之境〔二九〕。太祖以俘户置。灤州負山帶河，爲朔漢形勝之地。有扶蘇泉，甚甘美，秦太子扶蘇北築長城嘗駐此；臨榆山，峰巒崛起，高千餘仞，下臨榆河〔三〇〕。統縣三：

義豐縣。本黄洛故城。黄洛水北出盧龍山，南流入於濡水。漢屬遼西郡，久廢。唐季入契丹，世宗置縣。户四千。

馬城縣。本盧龍縣地。唐開元二十八年析置縣，以通水運。東北有千金冶，東有茂鄉鎮。遼割隸灤州。在州西南四十里。户三千。

石城縣。漢置，屬右北平郡，久廢。唐貞觀中於此置臨渝縣，萬歲通天元年改石城縣〔三一〕，在灤州南三十里，唐儀鳳石刻在焉。今縣又在其南五十里，遼徙置以就鹽官。户三千。

營州，鄰海軍，下，刺史。本商孤竹國。秦屬遼西郡。漢爲昌黎郡。前燕慕容皝徙都于此。元魏立營州，領昌黎、建德、遼東、樂浪、冀陽〔三二〕、營丘六郡。後周爲高寶寧所據。隋開皇置州，大業改遼西郡。唐武德元年改營州，萬歲通天元年始入契丹。聖曆二年僑治漁陽。開元五年還治柳城。天寶元年改曰柳城郡。後唐復爲營州。太祖以居定州俘户。統縣一：

廣寧縣。漢柳城縣，屬遼西郡。東北與奚、契丹接境。萬歲通天元年，入契丹李萬榮〔三〕。神龍元年移幽州界。開元四年復舊地。遼改今名。户三千。

校勘記

〔一〕至張仲武張允伸　「張允仲」，疑當作「張允伸」。按唐鎮幽州者無張允仲。舊唐書卷一八〇、新唐書卷二一二張允伸傳，允伸鎮幽二十餘年。

〔二〕高祖以遼有援立之勞割幽州等十六州以獻　「援立」，原作「援力」。本書卷四一地理志五大同府條謂晉高祖「以契丹有援立功，割山前、代北地爲賂」。今據改。

〔三〕榆林　疑當作「臨渝」。按新唐書卷三九地理志三河北道平州條謂石城縣有「臨渝關，一名臨閭關」。通鑑卷一七八隋紀二文帝開皇十八年六月丙寅，漢王諒軍出臨渝關，胡注謂「臨渝關在柳城西四百八十里，所謂盧龍之險也」。又武經總要前集卷二二北蕃地理幽州四面州軍謂遼州東北有臨渝關。

〔四〕故名　原作「故民」，今據文義改。

〔五〕開泰元年改今名　大明清類天文分野之書卷二三燕分野北平府宛平縣條謂「統和二十二年改爲宛平」。

〔六〕元魏置東燕州平昌郡及昌平縣　「州平昌」三字原闕。太平寰宇記卷六九河北道一八昌平縣條謂元魏「置東燕州及平昌郡昌平縣」，元一統志卷一昌平縣條亦云：「後魏即縣郭置東燕州及平昌郡昌平縣，後郡廢縣存，以隸幽州。」今據補。

〔七〕固節鎮　據新唐書卷三九地理志三河北道幽州良鄉縣條及太平寰宇記卷六九河北道一八良鄉縣條，應作「固節縣」。

〔八〕水經注　「注」字原闕。按今本水經注無此處引文，太平寰宇記卷六九河北道一八武清縣條引水經注云：「雍奴，藪澤之名，四面有水曰雍，水不流曰奴。」蓋即此處所本。今據補。

〔九〕因分武清三河潞三縣户置　「三河」，原作「香河」。按香河係分武清、三河、潞三縣民户新置，非舊有。日下舊聞考卷一一八京畿香河縣條引金劉晞顏新建寶坻縣記：遼「於武清北鄙孫村，度地之宜，分武清、潞縣、三河之民置香河縣」。今據改。

〔一〇〕本漢泉山之霍村鎮　「泉山」，疑當作「泉州」。按漢無泉山縣，漢書卷二八下地理志下、續漢書郡國志五漁陽郡下皆有泉州縣。又康熙大清一統志卷四順天府漷縣故城條引遼史地理志，及大明清類天文分野之書卷二三燕分野通州漷縣條、明一統志卷一順天府漷縣條均作

「泉州」。

〔一二〕就城故漷陰鎮　疑文有闕誤。按大明清類天文分野之書卷二三漷縣沿革謂遼「以春時獵於延芳淀，居民因成市肆，遂於漷河之南置漷陰鎮。太平中，改爲漷陰縣」。

〔一三〕北渡范水劉李河　「渡」，原作「復」，明鈔本、南監本、北監本、殿本皆作「復」。今據長編卷七九大中祥符五年十月己酉、宋會要蕃夷二之七引王曾上契丹事改。

〔一四〕度盧溝河　「盧溝河」，長編卷七九大中祥符五年十月己酉引王曾上契丹事、契丹國志卷二四王沂公行程録同。宋會要蕃夷二之七引王曾上契丹事、通考卷三四六四裔考二三契丹中作「盧孤河」。

〔一五〕南門外有于越王廨　「南門外」，宋會要蕃夷二之七引王曾上契丹事、契丹國志卷二四王沂公行程録同。長編卷七九大中祥符五年十月己酉引王曾上契丹事、通考卷三四六四裔考二三契丹中作「南門内」。按下文謂「門外永平館」云云，疑作「南門内」是。

〔一六〕請和後易之　「請和」，原作「清和」，據長編卷七九大中祥符五年十月己酉、宋會要蕃夷二之七引王曾上契丹事及通考卷三四六四裔考二三契丹中、契丹國志卷二四王沂公行程録改。

〔一七〕秦上谷漢范陽　李慎儒遼史地理志考卷四謂順州「乃漢漁陽郡狐奴縣，非涿郡范陽」。按本書所記前代地理沿革多有訛誤，以下不復一一出校。

〔一八〕置順州以處之　「處之」，原作「處書」，據明鈔本、南監本、北監本、殿本改。

〔一八〕「隋開皇中」至「唐末仍爲順州」　據舊唐書卷三九地理志二河北道燕州、順州及歸順州條，太平寰宇記卷七一河北道二〇燕州、思順州及歸順州條，知唐燕州與順州無涉，「隋開皇」至「唐武德初改燕州」句實爲唐燕州沿革，又會昌中改燕州爲歸順州，亦無其事。又，隋書、兩唐書、太平寰宇記均未言及隋置順州事。此段當係史臣抄撮失當。

〔一九〕改順義縣開元四年置松漠府彈汗州天寶元年改歸化縣　據舊唐書卷三九地理志二河北道順州及歸順州條、太平寰宇記卷七一河北道二〇思順州及歸順州條，此句中「順義縣」、「歸化縣」疑當作「順義郡」、「歸化郡」。

〔二〇〕「唐貞觀六年置」至「乾元元年復今名」　據舊唐書卷三九地理志二河北道順州及歸順州條、太平寰宇記卷七一河北道二〇思順州及歸順州條，知「唐貞觀六年置，治五柳城，改順義縣」句實爲唐順州沿革，「開元四年置松漠府彈汗州。天寶元年改歸化縣。乾元元年復今名」句乃爲唐歸順州沿革。此處誤合爲一，且誤繫於懷柔縣下。

〔二一〕石晉以歸太宗　「太宗」，原作「太祖」，今據文義改。

〔二二〕唐武德四年屬北義州　舊唐書卷三九地理志二河北道涿州固安縣條同。然據舊唐書同卷易州條及涿州歸義縣條、新唐書卷三九地理志三河北道易州條，知北義州始置於武德五年。又本書下文歸義縣條亦謂「唐武德五年置北義州」。此處「四年」當爲「五年」之誤。

〔二三〕易故安二縣地　「故安」，原作「安故」，據漢書卷二八上地理志上涿郡條、卷二八下地理志下燕地條及上文乙正。

〔二四〕本漢道縣今縣北一里故道城是也　「道縣」，漢書卷二八上地理志上涿郡條、續漢書郡國志五涿郡條作「迺縣」，太平寰宇記卷六七河北道一六廢淶水縣條作「遒縣」。又「道城」，太平寰宇記作「遒城」。按「迺」、「遒」二字相通，此處「道」皆爲「遒」之誤。

〔二五〕周大象二年省隋開皇十八年改淶水縣　「二年省隋開皇」六字原闕。按周大象三年二月亡於隋，無十八年。隋書卷三〇地理志中上谷郡淶水縣條云：「舊曰迺縣，後周廢。開皇元年，以范陽爲迺，更置范陽於此。六年改爲固安，八年廢。十年又置，爲永陽。十八年改爲淶水。」太平寰宇記卷六七河北道一六廢淶水縣條謂「後周大象二年省入涿縣」，隋開皇「十八年改爲淶水縣」。今據補。

〔二六〕三河縣本漢臨朐縣地唐開元四年析潞州置　「漢臨朐縣」、「潞州」，疑當作「唐臨泃縣」、「潞縣」。按漢書卷二八上地理志上齊郡、東萊郡及續漢書郡國志四齊國下皆有臨朐縣，然均不在幽薊之境，顯非三河縣故地。又舊唐書卷三九地理志二河北道薊州條、新唐書卷三九地理志三河北道薊州條並謂唐武德二年置臨泃縣，貞觀元年省，開元四年分潞縣置三河。

〔二七〕在州東北六十里　「州」，原作「平」，今據文義改。

〔二八〕見山神俞鬼　「俞鬼」，管子卷一六小問作「俞兒」，太平寰宇記卷七〇河北道一九盧龍縣條亦作「俞兒」。

〔二九〕石晉割地在平州之境　平州非石晉所獻地，參見本書卷三七地理志一校勘記〔一〕。

〔三〇〕榆河　原作「渝河」，據明鈔本、南監本、北監本、殿本改。按上文有「臨榆山」，知作「榆河」是。

〔三一〕萬歲通天元年改石城縣　「元年」，舊唐書卷三九地理志二河北道平州條、新唐書卷三九地理志三河北道平州條並作「二年」。

〔三二〕冀陽　原作「翼陽」，據魏書卷一〇六上地形志上營州條及隋書卷三〇地理志中遼西郡條改。

〔三三〕李萬榮　原作「李萬營」，據本書卷六三世表及舊唐書卷一九九下、新唐書卷二一九契丹傳改。

遼史卷四十一

志第十一

地理志五

西京道

西京大同府，陶唐冀州之域。虞分并州。夏復屬冀州。周職方：正北曰并州。戰國屬趙，武靈王始置雲中郡。秦屬代王國，後爲平城縣。魏屬新興郡。晉仍屬雁門。劉琨表封猗盧爲代王，都平城。元魏道武於此遂建都邑。孝文帝改爲司州牧，置代尹，遷都洛邑，改萬年，又置恒州。高齊文宣帝廢州爲恒安鎮，今謂之東城，尋復恒州。周復恒安鎮，改朔州〔一〕。隋仍爲鎮。唐武德四年置北恒州〔二〕，七年廢。貞觀十四年移雲中定襄縣於此。永淳元年默啜爲民患，移民朔州。開元十八年置雲州〔三〕。天寶元年改雲中郡。乾元元年曰雲州。乾符三年，大同軍節度使李國昌子克用爲雲中守捉使，殺防禦使，據州以聞。僖宗赦克用，以國昌爲大同軍防禦使，不受命。廣明元年，李琢攻國昌，國昌兵敗，與克用奔北地。黄巢入京師，詔發代北軍，尋赦國昌，使討賊。克用率三萬五千騎而南，收京師，功第一，國昌封隴西郡王。國昌卒，克用取雲州〔四〕。既而所向失利，乃卑詞厚禮，與太祖會于雲州之東城，謀大舉兵攻梁，不果。克用子存勗滅梁，是爲唐莊宗。同光三年，復以雲州爲大同軍節度使。晉高祖代唐，以契丹有援立功，割山前、代北地爲賂，大同來屬，因建西京。

敵樓、棚櫓具。廣袤二十里。門，東曰迎春，南曰朝陽，西曰定西，北曰拱極。元魏宫垣占城之北面，雙闕尚在。遼既建都，用爲重地，非親王不得主之。清寧八年建華嚴寺，奉安諸帝石像、銅像。又有天王寺、留守司衙，南曰西省。北門之東曰大同府，北門之西曰大同驛。初爲大同軍節度，重熙十三年升爲西京，府曰大同。

統州二、縣七：

大同縣。本大同川地。重熙十七年西夏犯邊，析雲中縣置。户一萬。

雲中縣。趙置。沿革與京府同。户一萬。

天成縣〔五〕。本極塞之地。魏道武帝置廣牧縣，唐武德五年置定襄縣，遼析雲中置。

在京北一百八十里。户五千。

長青縣〔六〕。本白登臺地。冒頓單于縱精騎三十餘萬圍漢高帝於白登七日，即此。遼始置縣。有青陂。梁元帝横吹曲云：「朝跋青陂，暮上白登。」在京東北一百一十里。户四千。

奉義縣。本漢陶林縣地。後唐武皇與太祖會此。遼析雲中置。户三千。

懷仁縣。本漢沙南縣。元魏葛榮亂，縣廢。隋開皇二年移雲内于此。大業二年置大利縣，屬雲州，改屬定襄郡。隋末陷突厥。李克用敗赫連鐸，駐兵於此。遼改懷仁。在京南六十里。户三千。

懷安縣。本漢夷輿縣地。歷魏至隋，爲突厥所據。唐克頡利，縣遂廢爲懷荒鎮。高勳鎮燕，奏分歸化州文德縣置。初隸奉聖州，後來屬。在州西北二百八十里。户三千。

弘州，博寧軍，下，刺史。東魏靜帝置北靈丘縣。唐初地陷突厥，開元中置横野軍安邊縣，天寶亂廢，後爲襄陰村。統和中，以寰州近邊，爲宋將潘美所破，廢之，乃於此置弘州，初軍曰永寧。有桑乾河、白道泉、白登山，亦曰火燒山，有火井。統縣二：

永寧縣。户一萬。

順聖縣。本魏安塞軍，五代兵廢。高勳鎮幽州，奏景宗分永興縣置〔七〕。初隸奉聖州。在州西北二百八十里。户三千。

德州，下，刺史。唐會昌中以西德店置德州。開泰八年以漢户復置。有步落泉、金河山、野狐嶺、白道坂。縣一：

宣德縣。本漢桐過縣地，屬雲中郡，後隸定襄郡，漢末廢。高齊置紫阿鎮。唐會昌中置縣〔八〕。户三千。

豐州，天德軍，節度使。秦爲上郡北境，漢屬五原郡。地磧鹵，少田疇。自晉永嘉之亂，屬赫連勃勃。後周置永豐鎮。隋開皇中升永豐縣，改豐州。大業七年爲五原郡。義寧元年太守張遜奏改歸順郡。唐武德元年爲豐州總管府。六年省，遷民於白馬縣，遂廢。貞觀四年分靈州境，置豐州都督府，領蕃户。天寶初改九原郡。乾元元年復豐州，後入回鶻。會昌中克之，後唐改天德軍。太祖神册五年攻下，更名應天軍，復爲州。有大鹽濼、九十九泉、没越濼、古磧口、青塚——即王昭君墓。兵事屬西南面招討司。統縣二：

富民縣。本漢臨戎縣，遼改今名。户一千二百。

振武縣。本漢定襄郡盛樂縣。背負陰山，前帶黄河。元魏嘗都盛樂，即此。唐武德四年克突厥，建雲中都督府。麟德三年改單于大都督府〔九〕。聖曆元年又改安北都督。開元七年割隸東受降城。八年置振武軍節度使。會昌五年爲安北都護府〔一〇〕。後唐莊宗以兄嗣本爲振武節度使。太祖神册元年，伐吐渾還，攻之，盡俘其民以東，唯存鄉兵三百人防戍。後更爲縣。

雲内州，開遠軍，下，節度。本中受降城地。遼初置代北雲朔招討司，改雲内州。清寧初升。有威塞軍、古可敦城、大同川〔一一〕、天安軍、永濟柵、安樂戍、拂雲堆。兵事屬西南面招討司。縣二：

柔服縣。

寧人縣〔一二〕。

天德軍，本中受降城。唐開元中廢横塞軍，置天安軍於大同川。乾元中改天德軍，移永濟柵，今治是也。太祖平党項，遂破天德，盡掠吏民以東。後置招討司，漸成井邑，乃以國族爲天德軍節度使。有黄河、黑山峪、盧城、威塞軍、秦長城、唐長城；又有牟那山，鉗耳觜城在其北。

寧邊州，鎮西軍，下，刺史。本唐隆鎮，遼置。兵事屬西南面招討司。

奉聖州，武定軍，上，節度。本唐新州。後唐置團練使，總山後八軍，莊宗以弟存矩爲之。軍亂，殺存矩于祁州〔一三〕，擁大將盧文進亡歸。太祖克新州，莊宗遣李嗣源復取之。同光二年升威塞軍。石晉高祖割獻，太宗改升。有兩河會、温泉、龍門山、涿鹿山。東南至南京三百里，西北至西京四百四十里。兵事屬西京都部署司。統州三、縣四：

永興縣。本漢涿鹿縣地。黄帝與蚩尤戰于此。户八千。

礬山縣。本漢軍都縣。山出白緑礬，故名。有礬山、桑乾河。在州南六十里。户三千。

龍門縣。有龍門山，石壁對峙，高數百尺，望之若門。徼外諸河及沙漠潦水，皆於此趣海。雨則俄頃水踰十仞，晴則清淺可涉，實塞北控扼之衝要也。在州東北二百八十里。户四千。

望雲縣。本望雲川地。景宗於此建潛邸，因而成井肆。穆宗崩，景宗入紹國統，號御莊。後置望雲縣，直隸彰愍宮，附庸于此。在州東北二百六十里。户一千。

歸化州，雄武軍，上，刺史。本漢下洛縣〔二四〕。元魏改文德縣。唐升武州，僖宗改毅州。後唐太祖復武州，明宗又爲毅州，潞王仍爲武州。晉高祖割獻于遼，改今名。有桑乾河；會河川；愛陽川；炭山，又謂之陘頭，有涼殿，承天皇后納涼於此，山東北三十里有新涼殿，景宗納涼於此，唯松棚數陘而已；斷雲嶺，極高峻，故名。州西北至西京四百五十里。統縣一：

文德縣。本漢女祁縣地。元魏置。户一萬。

可汗州，清平軍，下，刺史。本漢潘縣，元魏廢。北齊置北燕郡〔二五〕，改懷戎縣。隋廢郡，屬涿郡。唐武德中復置北燕州，縣仍舊。貞觀八年改嬀州。五代時，奚王去諸以數千帳徙嬀州〔二六〕，自别爲西奚，號可汗州，太祖因之。有嬀泉在城中，相傳舜嬪二女於此。又有温泉、版泉、磨笄山、雞鳴山、喬山、歷山。統縣一：

懷來縣。本懷戎縣，太祖改。户三千。

儒州，縉陽軍，中，刺史。唐置。後唐同光二年隸新州。太宗改奉聖州，仍屬。有南溪河、沽河、宋王峪、桃峪口。統縣一：

縉山縣。本漢廣甯縣地〔二七〕。唐天寶中割嬀川縣置。户五千。

蔚州，忠順軍，上，節度。周職方，并州川曰嘔夷，在州境飛狐縣〔一八〕。趙襄子滅代，武靈王置代郡；項羽徙趙歇爲代王，歇還趙，立陳餘王代，漢韓信斬餘，復置代郡；文帝初封代；皆此地。周宣帝始置蔚州，隋開皇中廢。唐武德四年復置〔一九〕。至德二年改興唐縣〔二〇〕。乾元元年仍舊。大中後，朱邪執宜爲刺史，有功，賜姓名李國昌〔二一〕。子克用乞爲留後，僖宗不許。廣明初，攻敗國昌，代北無備，太祖來攻，克之，俘掠居民而去。石晉獻地，升忠順軍，後更武安軍。統和四年入宋，尋復之，降刺史，隸奉聖州。升觀察，復忠順軍節度。兵事屬西京都部署司。統縣五：

靈仙縣。唐置興唐縣，梁改隆化縣，後唐同光初復置，晉改今名。户二萬。

定安縣。本漢東安陽縣地，久廢。後唐太祖伐劉仁恭，次蔚州，晨霧晦冥，占，不利深入，會雷電大作，燕軍解去，即此。遼置定安縣。西北至州六十里。户一萬。

飛狐縣。後周大象二年置廣昌縣于五龍城，即此。隋仁壽元年改名飛狐。相傳有狐於紫荆嶺食五粒松子，成飛仙，故云。西北至州一百四十里。户五千。

靈丘縣。漢置。後漢省。東魏復置，屬靈丘郡。隋開皇中罷郡來屬。大業初改隸代州。唐武德六年仍舊。東北至州一百八十里。户三千。

廣陵縣〔三〕。本漢延陵縣。隋唐爲鎮州。後唐同光初分興唐縣置。石晉割屬遼。東南至州四十里。户三千。

應州，彰國軍，上，節度。唐武德中置金城縣，後改應州。後唐明宗，州人也。天成元年升彰國軍節度，興唐軍、寰州隸焉。遼因之。北龍首山，南雁門。兵事屬西京都部署司。統縣三：

金城縣。本漢陰舘縣地，漢末廢爲陰舘城。大業末陷突厥。唐始置金城縣，遼因之。户八千。

渾源縣。唐置。有渾源川。在州東南一百五十里。户五千。

河陰縣。本漢陰舘縣地。初隸朔州，清寧中來屬。户三千。

朔州，順義軍，下，節度。本漢馬邑縣地。元魏孝文帝始置朔州，在今州北三百八十里定襄故城。葛榮亂，廢。高齊天保六年復置，在今州南四十七里新城。八年徙馬邑，即今城。武成帝置北道行臺。周武帝置朔州總管府。隋大業三年改馬邑郡。唐武德四年復朔州。遼升順義軍節度。兵事屬西京都部署司。統州一、縣三：

鄯陽縣。本漢定襄縣地。建安中置新興郡。元魏置桑乾郡。高齊置招遠縣，郡仍舊。隋開皇三年罷郡，隸朔州。大業元年初名鄯陽縣，遼因之。户四千。

寧遠縣。齊天保六年，於朔州西置招遠縣。唐乾元元年改今名，遼因之。有寧遠鎮。東至朔州八十里。户二千。

馬邑縣。漢置，屬雁門郡。唐開元五年，析鄯陽縣東三十里置大同軍，倚郭置馬邑縣。南至朔州四十里。户三千。

武州，宣威軍，下，刺史。趙惠王置武川塞。魏置神武縣。唐末置武州。唐改毅州。重熙九年復武州〔三三〕，號宣威軍。統縣一：

神武縣。魏置。晉改新城。後唐太祖生神武川之新城，即此。初隸朔州，後置州，併寧遠爲一縣來屬。户五千。

東勝州，**武興軍**，下，刺史。隋開皇七年置勝州。大業五年改榆林郡。唐貞觀五年於南河地置決勝州，故謂此爲東勝州。天寶七年又爲榆林郡〔三四〕。乾元元年復爲勝州。太祖神册元年破振武軍，勝州之民皆趨河東，州廢。晉割代北來獻，復置。兵事屬西南面招討司。統縣二：

榆林縣。

河濱縣。

金肅州。重熙十二年伐西夏置。割燕民三百户，防秋軍一千實之。屬西南面招討司。

河清軍。西夏歸遼，開直路以趨上京。重熙十二年建城，號河清軍。徙民五百户，防秋兵一千人實之。屬西南面招討司。

校勘記

〔一〕周復恒安鎮改朔州　「改」，疑當作「屬」。按元和郡縣圖志卷一四雲州條云：「周武平齊，州郡並廢，又於其所置恒安鎮，屬朔州。」太平寰宇記卷四九雲州條同。

〔二〕唐武德四年置北恒州　元和郡縣圖志卷一四雲州條同。舊唐書卷三九地理志二雲州條、太平寰宇記卷四九雲州條皆謂武德四年平劉武周，六年置北恒州。

〔三〕開元十八年置雲州　「雲州」，原作「雲中州」，據元和郡縣圖志卷一四雲州條、舊唐書卷三九地理志二雲州條、新唐書卷三九地理志三雲州條、太平寰宇記卷四九雲州條改。又「開元十八年」，元和郡縣圖志、新唐書地理志及太平寰宇記雲州條序同，然舊唐書卷三九地理志二雲州條、太平寰宇記卷四九雲中縣條序作「開元二十年」。

〔四〕克用取雲州　「雲州」，原作「雲南」，據舊五代史卷二五唐武皇紀上大順二年七月及新五代史卷四唐莊宗紀上大順二年四月改。

〔五〕天成縣　開泰八年慈雲寺舍利塔記、大元混一方輿勝覽卷上腹裏及金史卷八九蘇保衡傳、卷一三三移剌窩斡傳同。然金史卷二四地理志上、卷四九食貨志四及寰宇通志卷八一均作「天城縣」。

〔六〕長青縣　「長青」，本書卷三六兵衞志下同。太平四年張琪墓誌、咸雍五年董匡信及妻王氏墓誌及金史卷二四地理志上並作「長清」。

〔七〕高勳鎮幽州奏景宗分永興縣置　「景宗」，疑當作「穆宗」。按本書卷八五高勳傳及穆宗、景宗紀，高勳鎮幽應在穆宗時。金史卷二四地理志上弘州順聖縣條曰「遼應曆中置」。

〔八〕唐會昌中置縣　新、舊唐書地理志均無宣德縣。本書卷一六聖宗紀七謂開泰八年十一月甲寅「置雲州宣德縣」。

〔九〕唐武德四年克突厥建雲中都督府麟德三年改單于大都督府　新唐書卷四三下地理志七下雲中都督府條、通鑑卷一九三唐紀九太宗貞觀四年四月戊戌、唐會要卷七三安北都護府條均謂貞觀四年置雲中都督府。又舊唐書卷三九地理志二單于都護府條、新唐書卷三七地理志一單于大都護府條、通鑑卷二〇一唐紀一七皆謂唐龍朔三年置雲中都護府，麟德元年改爲單于大都護府。

〔一〇〕會昌五年爲安北都護府　唐會要卷七三安北都護府條同，新唐書卷六四方鎮表一則繫此事於會昌三年。

〔一一〕大同川　原作「大同州」，據下文天德軍條及新唐書卷三七地理志一豐州中受降城條改。

〔一二〕寧人縣　金史卷二四地理志上稱雲内州舊有寧仁縣。本書卷一五聖宗紀六謂開泰六年七月辛酉以西南路招討請，置寧仁縣於勝州。疑此處「寧人縣」即「寧仁縣」，初隸勝州，後改屬雲内州。

〔一三〕殺存矩于祁州　「祁州」，舊五代史卷九七盧文進傳、卷一三七契丹傳，新五代史卷四八盧文進傳、卷七二四夷附録一及通鑑卷二六九後梁紀四均王貞明三年二月甲午並作「祁溝關」。

〔一四〕本漢下洛縣　「下洛」，漢書卷二八下地理志下上谷郡條、續漢書郡國志五上谷郡條並作「下落」。

〔一五〕北齊置北燕郡　隋書卷三〇地理志中涿郡條、舊唐書卷三九地理志二嬀州條皆謂北齊置北燕州，與此異。

〔一六〕奚王去諸以數千帳徙嬀州　「徙」，原作「欲」，據新五代史卷七四四夷附録三改。

〔一七〕本漢廣甯縣地　「漢」，原作「縣」，據明鈔本、南監本、北監本、殿本改。

〔一八〕周職方并州川曰滬夷在州境飛狐縣　元和郡縣圖志卷一四河東道三蔚州條云：「周禮『并州川曰滬夷，浸曰淶、易』，今滬夷在靈丘，淶、易在飛狐，皆在州境。」太平寰宇記卷五一河東道一二蔚州條同。此處史文删節失當。

〔一九〕唐武德四年復置　元和郡縣圖志卷一四河東道三蔚州條謂「武德四年平劉武周，重置蔚州」，與此同。舊唐書卷三九地理志二蔚州條、太平寰宇記卷五一河東道一二蔚州條並作「武德四年平劉武周，六年置蔚州」。

〔二〇〕至德二年改興唐縣　「興唐縣」，元和郡縣圖志卷一四河東道三蔚州興唐縣條、舊唐書卷三九地理志二蔚州條、新唐書卷三九地理志三蔚州條並作「興唐郡」。

〔二一〕大中後朱邪執宜爲刺史有功賜姓名李國昌　舊唐書卷一九上懿宗紀咸通十一年正月己酉、新唐書卷二一八沙陀傳、舊五代史卷二五唐武皇紀上、新五代史卷四唐莊宗紀上，賜姓名李國昌者乃朱邪執宜子赤心。

〔二二〕廣陵縣　本書卷三六兵衛志下五京鄉丁條同，卷一三聖宗紀四統和十三年正月甲寅則作「置廣靈縣」。又金史卷二四地理志上蔚州有廣靈縣，其下小注謂「亦作『陵』」。

〔二三〕唐末置武州唐改毅州重熙九年復武州　疑文有訛誤。按上文歸化州條云：「唐升武州，僖宗改毅州。後唐太祖復武州，明宗又爲毅州，潞王仍爲武州。晉高祖割獻于遼，改今名。」通考卷三一六輿地考二武州條亦云：「武州，唐末置，屬河東道。後唐改爲毅州。石晉時没於契丹，契丹改爲歸化州。」知唐末所置武州即遼歸化州。此處遼武州在朔州境，與歸化州相去甚遠，顯非唐武州。譚其驤遼史地理志補正謂此武州係遼重熙間創置。

〔三四〕天寶七年又爲榆林郡　「七年」，舊唐書卷三八地理志一勝州條、太平寰宇記卷三八關西道一四勝州條並作「元年」。

遼史卷四十二

志第十二

曆象志上

遼以幽、營立國，禮樂制度規模日完，授曆頒朔二百餘年。今奉詔修遼史，體與宋、金儗，其大明曆不可少也。曆書法禁不可得，求大明曆元，得祖沖之法于外史。沖之之法，遼曆之所從出也歟，國朝亦嘗因之。以沖之法筭，而至於遼更曆之年，以起元數，是蓋遼大明曆。遼曆因是固可補，然弗之補，史貴闕文也。外史紀其法，司天存其職，遼史志是足矣。作曆象志。

曆

大同元年，太宗皇帝自晉汴京收百司僚屬伎術曆象，遷于中京〔一〕，遼始有曆。先是，梁、唐仍用唐景福崇玄曆。晉天福四年，司天監馬重績奏上乙未元曆，號調元曆，太宗所收于汴是也。穆宗應曆十一年，司天王白、李正等進曆，蓋乙未元曆也。聖宗統和十二年，可汗州刺史賈俊進新曆，則大明曆是也。高麗所志大遼古今録稱統和十二年始頒正朔改曆，驗矣。大明曆本宋祖沖之法〔二〕，具見沈約宋書。具如左。

宋武帝大明六年，祖沖之上甲子元曆法，未及施用，因名大明曆。

上元甲子至宋大明七年癸卯，五萬一千九百三十九年筭外。

元法：五十九萬二千三百六十五。

紀法：三萬九千四百九十一。

章歲：三百九十一。

章月：四千八百三十六。

章閏：一百四十四。

閏法：十二。

月法：十一萬六千三百二十一。
日法：三千九百三十九。
餘數：二十萬七千四十四。
歲餘：九千五百八十九。
没分：三百六十萬五千九百五十一。
没法：五萬一千七百六十一。
周天：一千四百四十二萬四千六百六十四。
虚分：萬四百四十九。
行分法：二十三。
小分法：一千七百一十七。
通周：七十二萬六千八百一十。
會周：七十一萬七千七百七十七。
通法：二萬六千三百七十七。
差率：三十九。
推朔術：

置入上元年數，筭外，以章月乘之，滿章歲爲積月，不盡爲閏餘。閏餘二百四十七以上，其年有閏。以月法乘積月，滿日法爲積日〔三〕，不盡爲小餘。六旬去積日，不盡爲大餘。大餘命以甲子，筭外，所求年天正十一月朔也。

求次月：

加大餘二十九，小餘二千九十。小餘滿日法從大餘〔四〕，大餘滿六旬去之，命如前，次月朔也。

求弦望：

加朔大餘七，小餘千五百七，小分一。小分滿四從小餘，小餘滿日法從大餘，命如前，上弦日也。又加得望，又加得下弦，又加得後月朔也。

推閏術：

以閏餘減章歲，餘滿閏法得一月，命以天正，筭外，閏所在也。閏有進退，以無中氣爲正。

推二十四氣〔五〕：

置入上元年數，筭外，以餘數乘之，滿紀法爲積日，不盡爲小餘。六旬去積日，不盡爲大餘。大餘命以甲子，筭外，天正十一月冬至日也。

求次氣：

加大餘十五，小餘八千六百二十六，小分五。小分滿六從小餘，小餘滿紀法從大餘〔六〕，命如前，次氣日也。

求土王用事：

加冬至大餘二十七，小餘萬五千五百二十八，季冬土用事日也〔七〕。又加大餘九十一，小餘萬二千二百七十，次土用事日也。

推没術：

以九十乘冬至小餘，以減没分，滿没法爲日，不盡爲日餘，命日以冬至，筭外，没日也。

求次没：

加日六十九，日餘三萬四千四百四十二，餘滿没法從日，次没日也。日餘盡爲滅。

推日所在度術：

以紀法乘朔積日爲度實，周天去之，餘滿紀法爲積度，不盡爲度餘。命以虚一，次宿除之，筭外，天正十一月朔夜半日所在度也。

求次月：

大月加度三十，小月加度二十九，入虛去度分。

求行分：

以小分法除度餘，所得爲行分，不盡爲小分，小分滿法從行分，行分滿法從度。

求次日：

加一度。入虛去行分六，小分百四十七。

推月所在度術：

以朔小餘乘百二十四爲度餘，又以朔小餘乘八百六十爲微分，微分滿月法從度餘〔八〕，度餘滿紀法爲度。以減朔夜半日所在，則月所在度。

求次月：

大月加度三十五，度餘三萬一千八百三十四，微分七萬七千九百六十七，小月加度二十二，度餘萬七千二百六十一，微分六萬三千七百三十六，入虛去度分也〔九〕。

遲疾曆：

月行度	損益率	盈縮積分	差法
一日 十四行分十三	益七十	盈初	五千三百四

二日　十四十一	益六十五	盈百八十四萬二千三百一十六	五千二百七十
三日　十四八	益五十七	盈三百五十五萬七百六	五千二百一十九
四日　十四四	益四十七	盈五百五萬八千三百八〔一〇〕	五千一百五十一
五日　十三二十二〔一一〕	益三十四	盈六百二十九萬七千八百五十七	五千六十六
六日　十三十七	益二十二	盈七百二十萬二千六百九十一	四千九百八十一
七日　十三十一	益六	盈七百七十七萬二千七百一十一	四千八百七十九
八日　十三五	損九	盈七百九十四萬九百五十二	四千七百七十七
九日　十二二十二	損二十四	盈七百七十萬七千四百一十五	四千六百七十五
十日　十二十六	損三十九	盈七百七萬二千一百	四千五百七十三
十一日　十二十一	損五十二	盈六百三萬五千七	四千四百八十八
十二日　十二八	損六十	盈四百六十六萬三千一百	四千四百三十七
十三日　十二六	損六十五	盈三百九萬三百三	四千四百三

十四日	十二四	損七十	盈百三十八萬三千五百八十	四千三百六十九
十五日	十二五	益六十七	縮四十五萬七千六十九	四千三百八十六
十六日	十二七	益六十二	縮二百二十三萬七百五十五	四千四百二十
十七日	十二十	益五十五	縮三百八十七萬五十四〔一二〕	四千四百七十一
十八日	十二十四	益四十四	縮五百三十一萬九千三百八十五〔一三〕	四千五百二十九〔一四〕
十九日	十二十九	益三十二	縮六百四十八萬四百四	四千六百二十四
二十日	十三〔一五〕	益十九	縮七百三十一萬六千六百八	〔一六〕
二十一日	十三七	益四	縮七百八十一萬七千九百九十六	四千八百一十一
二十二日	十二十二〔一七〕	損十一	縮七百九十一萬七千六百七	四千九百一十三
二十三日	十三十九	損三十七〔一八〕	縮七百六十一萬五千四百四十	五千一十五
二十四日	十四一	損三十九	縮六百九十萬一千四百九十五〔一九〕	五千一百
二十五日	十四十六〔二〇〕	損五十二	縮五百八十七萬一千七百三十五〔二一〕	五千一百八十五

二十六日	十四十	損六十二	縮四百四十九萬九千一百五十九	五千二百五十三
二十七日	十四十二	損六十七	縮二百八十五萬七千七百三十二	五千二百八十七
二十八日	十四十〔三二〕	損七十四〔三三〕	縮百八萬二千三百七十九	五千三百三十一〔三四〕

推入遲疾曆術：

以通法乘朔積日爲通實，通周去之，餘滿通法爲日，不盡爲日餘。命日筭外，天正十一月朔夜半入曆日也。

求次月：

大月加二日，小月加一日，日餘皆萬一千七百四十六。曆滿二十七日，日餘萬四千六百三十一，則去之。

求次日：

加一日。

求日所在定度：

以夜半入曆日餘乘損益率，以損益盈縮積分，如差率而一，所得滿紀法爲度，不盡爲度餘，以盈加縮減平行度及餘爲定度。益之或滿法，損之或不足，以紀法進退。求度行分如上法。求次日，如所入遲疾加之。虛去分如上法。

陰陽曆：

	損益率	兼數
一日	益十六	初
二日	益十五	十六
三日	益十四	三十一
四日	益十二	四十五
五日	益九	五十七
六日	益五	六十六
七日	益一	七十一
八日	損二	七十二
九日	損六	七十

十日	損十	六十四
十一日	損十三	五十四
十二日	損十五	四十一
十三日	損十六	二十六
十四日	損十六	十

推入陰陽曆術：

置通實以會周去之，不滿交數三十五萬八千八百八十八半爲朔入陽曆分[二五]，各去之[二六]，爲朔入陰曆分，各滿通法得一日，不盡爲日餘。命日筭外，天正十一月朔夜半入曆日也。

求次月：

大月加二日，小月加一日，日餘皆二萬七百七十九。曆滿十三日，日餘萬五千九百八十七半，則去之。陽竟入陰，陰竟入陽。

求次日：

加一日。

求朔望差：

以二千二十九乘朔小餘，滿三百三爲日餘，不盡倍之爲小分，則朔差數也。加一十四日，日餘二萬一百八十六，小分百二十五。小分滿六百六從日餘，日餘滿通法爲日，即望差數也。又加之，後月朔也。

求合朔月食：

置朔望夜半入陰陽曆及餘〔二七〕，有半者去之，置小分三百三，以差數加之。小分滿六百六從日餘，日餘滿通法從日，日滿一曆去之。命日筭外，則朔望加時入曆也。朔望加時入曆一日，日餘四千一百九十八，小分四百二十八以下，十二日，日餘萬一千七百八十八，小分四百八十一以上，朔則交會，望則月食。

求合朔月食定大小餘：

令差數日餘加夜半入遲疾曆餘〔二八〕，日餘滿通法從日，則朔望加時入曆也。以入曆餘乘損益率，以損益盈縮積分，如差法而一，以盈減縮加本朔望小餘爲定小餘。益之或滿法，損之或不足，以日法進退日。

求合朔月食加時：

以十二乘定小餘，滿日法得一辰，命以子，筭外，加時所在辰也。有餘者四之，滿日法得一爲少，二爲半，三爲太。又有餘者三之，滿日法得一爲强，以强并少爲少强，并半爲半强，并太爲太强。得二者爲少弱，以并太爲一辰弱〔二九〕，以前辰名之。

求月去日道度：

置入陰陽曆餘乘損益率，如通法而一，以損益兼數爲定。定數十二而一爲度。不盡三而一，爲少、半、太。又不盡者，一爲强，二爲少弱，則月去日道數也。陽曆在表，陰曆在裏。

測景漏刻中星數：

二十四氣	日中景	晝漏刻	夜漏刻	昏中星度	明中星度
冬至	一丈三尺	四十五	五十五	八十二行分二十一	二百八十三行分八
小寒	一丈二尺四寸三分	四十五六	五十四四	八十四	二百八十二六
大寒	一丈一尺二寸	四十六七	五十三二〔三〇〕	八十六一	二百八十六〔三一〕
立春	九尺八寸	四十八四	五十一六	八十九三	二百七十七三

雨水	八尺一寸七分	五十五	四十九五	九十三	二百七十三七〔三三〕
驚蟄	六尺六寸七分	五十二九	四十七一	九十一〔三二〕	二百六十八二十
春分	五尺三寸七分	五十五五	四十四五	百二三	二百六十四三
清明	四尺二寸五分	五十八一	四十一九	百六二十一	二百五十九八
穀雨	二尺二寸六分〔三四〕	六十四	三十九六	百一十一三	二百五十四四〔三五〕
立夏	二尺五寸三分	六十二四	三十七六	百一十四十八	二百五十一七〔三六〕
小滿	一尺九寸九分	六十三九	三十六一〔三七〕	百一十七十二	二百四十八十七
芒種	一尺六寸九分	六十四八	三十五二〔三八〕	百一十九四	二百四十七二
夏至	一尺五寸	六十五	三十五	百一十九十二	二百四十六十七
小暑	一尺六寸九分	六十四八分〔三九〕	三十五二〔四〇〕	百一十九四	二百四十七二〔四一〕
大暑	一尺九寸九分	六十三九	三十六一	百一十七十二	二百四十八十七

立秋	二尺五寸三分	六十二四	三十七六	百一十四十八	二百五十一十二〔四二〕
處暑	三尺二寸六分	六十四	三十九六	百一十一二	二百五十四四〔四三〕
白露	四尺二寸五分	五十八一	四十一九	百六二十一	二百五十九八
秋分	五尺三寸七分	五十五五	四十四五	百二三	二百六十四三
寒露	六尺六寸七分	五十二九	四十七一	九十七九	二百六十八二十
霜降	八尺一寸七分	五十五	四十九五	九十三	二百七十三七〔四四〕
立冬	九尺八寸	四十八四	五十一六	八十九三	二百七十七三
小雪	一丈一尺二寸	四十六七	五十三三	八十六一	二百八十六〔四五〕
大雪	一丈二尺四寸三分	四十五六	五十四四	八十四	二百八十二六

求昏明中星：

各以度數如夜半日所在〔四六〕，則中星度。

推五星術：

木率：千五百七十五萬三千八十二。

火率：三千八十萬四千一百九十六。

土率：千四百九十三萬三百五十四。

金率：二千三百六萬一十四。

水率：四百五十七萬六千二百四。

推五星術：

置度實各以率去之，餘以減率，其餘如紀法而一，爲入歲日，不盡爲日餘，命以天正朔，筭外，星合日。

求星合度：

以入歲日及餘從天正朔日積度及餘，滿紀法從度，滿三百六十餘度分則去之，命以虛一，筭外，星合所在度也。

求星見日：

以術伏日及餘〔四七〕，加星合日及餘，餘滿紀法從日，命如前，見日也。

求星見度：

以術伏度及餘〔四八〕，加星合度及餘，餘滿紀法從度，入虛去度分，命如前，星見度也。

行五星法：

以小分法除度餘，所得爲行分，不盡爲小分，及日加所行分，滿法從度，留者因前，逆則減之，伏不盡度〔四九〕。從行入虛，去行分六，小分百四十七，逆行出虛，則加之。

木星：

初與日合，伏，十六日，日餘萬七千八百三十二，行二度，度餘三萬七千五百四，晨見東方。從，日行四分，百一十二日行十九度十一分。留，二十八日。逆，日行三分，八十六日退十一度五分。又留二十八日〔五〇〕。從，日行四分，百一十二日〔五一〕，夕伏西方，日度餘如初。一終三百九十八日，日餘三萬五千六百六十四〔五二〕，行三十三度，度餘二萬五千二百一十五。

火星：

初與日合，伏，七十二日〔五三〕，日餘六百八，行五十五度，度餘二萬八千八百六十五，晨見東方。從，疾，日行十七分，九十二日行六十八度。小遲，日行十四分，九十二日行五十六度。大遲，日行九分，九十二日行三十六度。留，十日。逆，日行六分，六十四日退十六度十六分。又留，十日。從，遲，日行九分，九十二日。小疾，日行十四分，九十二日。大疾，日行十七分，九十二日。夕伏西方，日度餘如初。一終七百八十日，日餘千二百一十六，行四百一十四度，度餘三萬二百五十八，除一周，定行四十九度，度餘萬九千八百九。

土星：

初與日合，伏，十七日，日餘千三百七十八，行一度，度餘萬九千三百三十三，晨見東方。行順，日行二分，八十四日行七度七分。留，三十三日。行逆，日行一分，百一十日退四度十八分。又留，三十三日。從，日行二分，八十四日，夕伏西方，日度餘如初。一終三百七十八日，日餘二千七百五十六，行十二度，度餘三萬一千七百九十八。

金星：

初與日合，伏，三十九日，日餘三萬八千一百二十六，行四十九度，度餘三萬八千一百二十六，夕見西方。從，疾，日行一度五分，九十二日行百十二度。小遲，日行一度四分，九十二日行百八度。大遲，日行十七分，四十五日行三十三度六分〔五四〕。留，九日。遲，日行十六分〔五五〕，九日退六度六分，夕伏西方。伏五日，退五度，而與日合。又五日退五度，而晨見東方。逆，日行十六分，九日。留，九日。從日〔五六〕，遲，日行十七分，四十五日。小疾，日行一度四分，九十二日。大疾，日行一度五分，九十二日。晨伏東方，日度餘如初。一終五百八十三日，日餘三萬六千七百六十一，行星如之。除一周，定行二百十八度，度餘二萬六千三百一十二。一合二百九十一日〔五七〕，日餘三萬八千一百二十六，行星亦如之。

水星：

初與日合，伏，十四日，日餘三萬七千一百一十五，行三十度，度餘三萬七千一百一十五，夕見西方。從，疾，日行一度六分，二十三日行二十九度。遲，日行二十分，八日行六度二十二分。留，二日。遲，日行十一分〔五八〕，二日退二十二分〔五九〕，夕伏西方。伏八日，退八度，而與日合。又八日退八度，晨見東方。逆，日行十一分，二日。留，二日。從，遲，日行二十分，八日。疾，日行一度六分，二十三日。晨伏東方，日度餘如初。一終百一十五日，日餘三萬四千七百三十九，行星如之。一合五十七日，日餘三萬七千一百一十五，行星亦如之。

上元之歲，歲在甲子，天正甲子朔夜半冬至，日月五星聚于虛度之初，陰陽遲疾並自此始。

梁武帝天監三年，沖之子暅上疏，論何承天曆乖謬不可用。九年正月，詔用祖沖之所造甲子元曆頒朔。陳氏因梁，亦用祖沖之曆。至遼，聖宗以賈俊所進新曆，因宋大明舊號行之。金曰重修大明曆。傳至皇元亦曰重修大明曆。及改授時曆，別立司天監存肄之，每歲甲子冬至重修其法。書在太史院，禁莫得聞。

校勘記

〔一〕大同元年太宗皇帝自晉汴京收百司僚屬伎術曆象遷于中京　本書卷四太宗紀下謂是年三月壬寅，將晉諸司僚吏及方技、曆象、諸宮懸等物悉送上京，然卷五四樂志雅樂條云：「大同元年，太宗自汴將還，得晉太常樂譜、諸宮懸、樂架，委所司先赴中京。」按此中京即爲鎮州。

〔二〕大明曆本宋祖沖之法　考異卷八三遼史謂「祖沖之曆已見前史，而此志全録之。蓋作史者徒求卷帙之富，於史例無當也」。汪曰楨古今推步諸術考卷下云：「遼賈俊大明術無考，見遼史志，謂即劉宋時祖沖之大明術，其説出于臆度附會。實則『大明』之名偶同，非即祖術也。」按本卷下文稱：「至遼，聖宗以賈俊所進新曆，因宋大明舊號行之。」是元人修史時固已知賈俊新曆與祖沖之曆無涉，但襲大明舊號耳，然本卷仍全録宋書律曆志所載祖沖之曆。

〔三〕滿日法爲積日　「積日」，原作「積月」，據宋書卷一三律曆志下改。

〔四〕小餘滿日法從大餘　「小」字原闕，據金陵書局本宋書律曆志補。

〔五〕推二十四氣　宋書律曆志此下有「術」字，是。

〔六〕小餘滿紀法從大餘　「小餘」二字原闕，據宋書律曆志補。

〔七〕季冬土用事日也　「冬」，原作「月」，據宋書律曆志改。

〔八〕微分滿月法從度餘　「餘」字原闕，宋書王校謂當據曆理補，今從。

〔九〕入虚去度分也　「分」字原闕，宋書王校謂當據曆理補，今從。

〔一〇〕五百五萬八千三百八　「三百八」，宋書律曆志作「三百」，宋書王校據曆理校算，謂當作「二百八」。嚴敦杰校釋則謂當作「二百七」。

〔一一〕十三二十一　行分「二十一」，金陵書局本宋書律曆志作「二十二」，與宋書王校及嚴敦杰校釋校算結果合。

〔一二〕三百八十七萬五十四　「五十四」，宋書王校據曆理校算，謂當作「五百一十四」。嚴敦杰校釋則謂當作「五百一十五」。

〔一三〕五百三十一萬九千三百八十五　「三十一萬」，宋書王校據曆理校算，謂當作「三十萬」。嚴敦杰校釋亦同此說。

〔一四〕四千五百二十九　「二十九」，宋書律曆志作「三十九」，與嚴敦杰校釋校算結果合。

〔一五〕十三　宋書律曆志此下有行分「一」，是。

〔一六〕金陵書局本宋書律曆志此欄内有「四千七百九」五字，與宋書王校及嚴敦杰校釋校算結果合。

〔一七〕十二十二　月行度「十二」、行分「十二」，宋書律曆志均作「十三」，與嚴敦杰校釋校算結果合。

〔一八〕三十七　宋書律曆志作「二十七」，與嚴敦杰校釋校算結果合。

〔一九〕六百九十萬一千四百九十五　「九十萬」，宋書律曆志同，嚴敦杰校釋據曆理校算，謂當作「九十一萬」。

〔二〇〕十四十六　行分「十六」，金陵書局本宋書律曆志作「六」，與宋書王校及嚴敦杰校釋校算結果合。

〔二二〕五百八十七萬一千七百三十五　「一千」，宋書律曆志作「二千」，與嚴敦杰校釋校算結果合。

〔二三〕十四十　行分「十」，金陵書局本宋書律曆志作「十四」，與宋書王校及嚴敦杰校釋校算結果合。

〔二三〕七十四　宋書律曆志同。嚴敦杰校釋據曆理校算，謂當作「七十二」。

〔二四〕五千三百三十一　「三十一」，金陵書局本宋書律曆志作「二十一」，與宋書王校及嚴敦杰校釋校算結果合。

〔二五〕不滿交數三十五萬八千八百八十八半爲朔入陽曆分　「三」，原作「二」，據宋書律曆志及嚴敦杰校釋改。

〔二六〕各去之　「各」，金陵書局本宋書律曆志作「滿」，宋書王校從之，是。

〔二七〕置朔望夜半入陰陽曆及餘　宋書律曆志「陰陽曆」下有「日」字，是。

〔二八〕令差數日餘加夜半入遲疾曆餘　「令」，原作「合」，據宋書律曆志改。

〔二九〕得二者爲少弱以并太爲一辰弱　宋書律曆志同。宋書王校謂此段文字據曆理當作「得二者爲少弱，以并少爲半弱，并半爲太弱，并太爲一辰弱」。

〔三〇〕五十三二　行分「二」，疑當作「三」。按宋書律曆志作「三」，又晝漏刻與夜漏刻之和應爲百刻。

〔三一〕二百八十六 行分「六」原作大字，據宋書律曆志改。又宋書王校據曆理校算，謂當作「五」。

〔三二〕二百七十三七 行分「七」，宋書王校據曆理校算，謂當作「六」。

〔三三〕九十一 宋書律曆志作「九十七」。又宋書王校謂據曆理校算，此下當脱行分「九」。

〔三四〕二尺二寸六分 「二尺」，宋書律曆志作「三尺」，是。

〔三五〕百一十一三二百五十四四 昏中星度行分「三」，百衲本宋書律曆志同，北監本、汲古閣本、乾隆殿本、金陵書局本宋書皆作「二」。明中星度「二百五十四四」，宋書王校謂據曆理校算當作「二百五十五三」，嚴敦杰校釋則謂當作「二百五十五四」。按昏中星度與明中星度之和應爲三百六十六度、分六，行分滿二十三成度。此處度數、行分總數與之不合。

〔三六〕百一十四十八二百五十一七 明中星度行分「七」，宋書律曆志作「十一」。嚴敦杰校釋據曆理校算，謂昏中星度當作「百一十四十九」，明中星度當作「二百五十一十」。

〔三七〕三十六一 「三十六」，原作「二十六」，據殿本及宋書律曆志改。

〔三八〕二十五二 「二十五」，宋書律曆志作「三十五」，是。

〔三九〕六十四八分 「八分」，金陵書局本宋書律曆志無「分」字，是。

〔四〇〕三十五一 行分「一」，宋書律曆志作「二」，是。

〔四一〕二百四十七一 行分「一」，宋書律曆志作「二」，是。

〔四二〕百一十四十八二百五十一十一 嚴敦杰校釋據曆理校算，謂昏中星度當作「百一十四十九」，明中星度當作「二百五十一十」。

〔四三〕百一十一二百五十四四　昏中星度行分「二」，宋書律曆志作「三」。明中星度「二百五十四四」，宋書王校謂據曆理校算當作「二百五十五三」，嚴敦杰校釋則謂當作「二百五十五四」。按此處昏中星度與明中星度之和與曆理不合。

〔四四〕二百七十三七　行分「七」，宋書王校據曆理校算，謂當作「六」。

〔四五〕二百八十六　行分「六」，宋書王校據曆理校算，謂當作「五」。

〔四六〕各以度數如夜半日所在　「如」，金陵書局本宋書律曆志作「加」，是。

〔四七〕求星見日以術伏日及餘　宋書王校謂「術」當在「求星見日」句下，是。

〔四八〕求星見度以術伏度及餘　「術」，乾隆殿本宋書在「求星見度」句下，宋書王校從之，是。

〔四九〕伏不盡度　「盡」，後漢書律曆志下及宋書律曆志中所載景初曆皆作「書」，宋書王校從之，是。

〔五〇〕又留二十八日　「二」，原作「一」，據宋書律曆志及嚴敦杰校釋改。

〔五一〕百一十二日　「二」，原作「五」，據宋書律曆志及嚴敦杰校釋改。

〔五二〕日餘三萬五千六百六十四　「三萬」，原作「五萬」，據宋書律曆志及嚴敦杰校釋改。

〔五三〕初與日合伏七十二日　「七十二」，原作「二十七」，據宋書律曆志及嚴敦杰校釋改。

〔五四〕四十五日行三十三度六分　「三十三」，原作「二十三」，據宋書律曆志及嚴敦杰校釋改。

〔五五〕遲日行十六分　「遲」，宋書律曆志同。按下文既謂「退六度六分」，則當由留而逆，知此字應作「逆」。

〔五六〕從日　諸本皆同，金陵書局本宋書律曆志無「日」字，是。

〔五七〕度餘二萬六千三百一十二一合二百九十一日　「一十二」，原作「一十三」；「合」上「一」字原闕，據宋書律曆志補。按一終一合乃曆家術語，遼史諸本蓋誤合「二」、「一」兩字爲「三」字。

〔五八〕遲日行十一分　「遲」，宋書律曆志同。按下文既稱「退二十二分」，則當由留而逆，宋書王校及嚴敦杰校釋謂「遲」當作「逆」，是。

〔五九〕二日退二十二分　「二十二」，原作「二十一」，據宋書律曆志及嚴敦杰校釋改。

遼史卷四十三

志第十三

曆象志中

閏考

月度不足，是生朔虛；天行有餘，是爲氣盈。盈虛相懸，歲月乃胖。積胖而差，寒暑互易，百穀不成，庶政不明。聖人驗以斗柄，準以歲星，爰立閏法，信治百官。是故閏正而月正，月正而歲正。歲月既正，頒令考績，無有不時。國史正歲年以敍事，莫重於此。

遼始徵曆梁、唐。入晉之後，奄有帝制，乙未、大明，曆法再變。穆宗應曆六年，周用顯德欽天曆；十年，宋用建隆應天曆〔一〕。景宗乾亨四年，宋用乾元曆。聖宗統和十九年，宋用儀天曆；太平元年，宋用崇天曆〔二〕。道宗清寧十年，宋用明天曆〔三〕；大康元年，宋用奉元曆；大安七年，宋用觀天曆〔四〕。天祚皇帝乾統六年，宋用紀元曆〔五〕。五代曆三變，宋凡八變，遼終始再變。曆法不齊，故定朔置閏，時有不同，覽者惑焉。作閏考。

年	正	二	三	四	五	六	七	八	九	十	十一	十二
太祖首缺五閏〔六〕。						閏 耶律儼 陳大任						
神册五年												
天贊二年〔七〕				梁閏								

太宗缺一閏〔八〕。天顯三年								閏 儀				
六年					閏 儀 唐							
九年	閏 儀 大任 唐											

十一年											閏 儼 大任 唐	
會同二年〔九〕					閏 儼 大任 晉							
缺一閏。七年												閏 儼 大任

大同元年〔一〇〕	穆宗缺再閏〔一二〕。應曆三年〔一三〕	五年
閏 儼 大任 高麗十年七月〔一一〕		
		閏 儼 大任

八年	十一年	十三年
	閏 儼 大任 宋	
閏 儼 大任		
		宋閏

十六年	十九年	景宗保寧四年
		閏 儼 大任 宋
	宋閏	
閏 儼 大任 宋		

六年										宋閏		
九年							宋閏					
乾亨二年			閏 儺 大任 宋									

四年												宋閏
聖宗統和三年〔一四〕									宋閏			
六年					閏 儼 大任							

九年		閏 儼 大任 宋										
十一年		高麗 誤，當在九年。								宋閏 高麗		
十四年							閏 大任 宋					

十七年	十九年	二十二年
宋閏		
		閏 大任 宋
	閏 儼 大任	
	宋閏 異	

二十五年					宋閏							
二十八年		宋閏										
開泰元年										宋閏		

四年	七年	九年〔一五〕
		閏 儼
	宋閏	
宋閏		
		宋閏 異

太平三年									閏 儼 宋			
六年					宋閏							
九年		宋閏										

十一年										閏 儼 大任 宋 高麗		
興宗重熙三年						宋閏						
六年				閏 儼 宋								

八年	十一年	十四年
		閏 儼 宋
	閏 儼 宋	
閏 儼 宋 高麗		

十七年	十九年	二十二年
閏 儼 宋 高麗		
		閏 儼 宋
	閏 儼 宋 高麗	

道宗清寧二年	四年	七年
閏 儼 宋		
		宋閏
	閏 儼 宋	

十年	咸雍三年	五年
	宋閏	
宋閏		
		閏 大任 宋

八年						閏 儀 宋					
大康元年			閏 儀 大任 宋								
三年 宋閏來年正月，異。											閏 儀

六年	九年	大安四年〔一六〕
	閏 儼 大任 宋	
宋閏		
		閏 儼 大任 宋 高麗

七年	十年	壽昌三年
		宋閏
	閏 大任 宋	
宋閏		

五年	天祚乾統二年	五年
		宋閏
	閏 儼 大任 宋	
閏 儼 大任 宋		

七年	十年〔一七〕	天慶三年
		閏 儼 大任 宋
	閏 儼 大任	
	宋閏 異	
宋閏		

六年	閏 儼 大任 宋											
八年									閏 儼 大任 宋			
保大元年					宋閏							

四年
宋閏 儼 大任〔二八〕

校勘記

〔一〕十年宋用建隆應天曆 「十年」疑誤。按長編卷四乾德元年四月辛卯云:「王處訥上新定建隆應天曆,上爲曆序,頒行之。」乾德元年即建隆四年,乃遼應曆十三年。

〔二〕太平元年宋用崇天曆 「元年」疑誤。按長編卷一〇〇天聖元年三月辛卯云:「司天監上新曆,賜名崇天,保章正張奎、靈臺郎楚衍等所造也。」玉海卷一〇律曆門曆法下天聖崇天曆條同。天聖元年乃遼太平三年。

〔三〕道宗清寧十年宋用明天曆 「清寧十年」疑誤。按長編卷二〇四治平二年三月丁卯、玉海卷一〇律曆門曆法下治平明天曆條及宋史卷七四律曆志七明天曆,嘉祐八年英宗命判司天監周琮等人作新曆,治平二年成,賜名明天曆。按治平二年乃遼咸雍元年。

〔四〕大安七年宋用觀天曆　此處所記恐不確。按玉海卷一〇律曆門曆法下元祐觀天曆條，元祐五年改造新曆，六年十一月賜名觀天曆，紹聖元年頒行。元祐六年即遼大安七年，紹聖元年乃大安十年。

〔五〕天祚皇帝乾統六年宋用紀元曆　此處所記恐不確。按玉海卷一〇律曆門曆法下紀元曆條及宋會要運曆一之一〇，宋徽宗命姚舜輔等造新曆，崇寧五年五月成，賜名紀元曆，大觀元年頒行。崇寧五年爲遼乾統六年，大觀元年乃乾統七年。

〔六〕首缺五閏　檢輯要卷八、陳表，自太祖元年至神册四年，實缺四閏，即太祖三年閏八月、六年閏五月、九年閏二月、神册二年閏十月。

〔七〕天贊二年　「二」，原作一字空格，據北監本補。按本書卷二太祖紀下及舊五代史卷一〇梁末帝紀下、卷二九唐莊宗紀三，均於天贊二年即梁龍德三年、唐同光元年四月置閏，輯要卷八、陳表同，與此表梁閏四月合。

〔八〕缺一閏　此三字不應置於「太宗」後。按本書卷二太祖紀下、舊五代史卷三三唐莊宗紀七及輯要卷八、陳表，此處所缺一閏爲太祖天贊四年（唐同光三年）閏十二月。

〔九〕會同二年　此表作閏五月，疑誤。按本書卷四太宗紀下、卷四四朔考均謂會同二年（晉天福四年）閏七月，舊五代史卷七八晉高祖紀四及輯要卷八、陳表皆同。

〔一〇〕大同元年　「元年」，原作「九年」。按大同元年九月即改元天禄，無九年。據本書卷五世宗紀、舊五代史卷一〇〇漢高祖紀下及輯要卷八、陳表，大同元年（晉開運四年）閏七月，與此表合，今據改。

〔二〕高麗十年七月　按遼會同十年二月改元大同，疑高麗兼奉遼朝正朔，未及改元。故此處「十年」蓋指會同十年。

〔三〕缺再閏　據舊五代史卷一〇三漢隱帝紀下及輯要卷八、陳表，止缺世宗天禄四年（漢乾祐三年）閏五月。此處當作「缺一閏」，且不應置於「穆宗」後。

〔三〕應曆三年　據本書卷六穆宗紀上、舊五代史卷一一二周太祖紀三及輯要卷八、陳表，應曆三年（周廣順三年）閏正月，此表失載。

〔四〕聖宗統和三年　據輯要、陳表，是年遼閏八月，宋閏九月，陳校因謂此失書遼閏。按本書聖宗紀是年閏九月，遼閏八月説不足爲據。參見卷一〇聖宗紀一校勘記〔三〕。

〔五〕（開泰）九年　此表耶律儼閏二月、宋閏十二月，本書卷四四朔考同。按道光殿本考證謂聖宗紀所載是年五、七、九、十、十一、十二月干支，若以閏二月推之，均不相符，而皆與閏十二月丁未朔合。又高麗奉遼正朔，據高麗史卷四顯宗世家一，顯宗十一年（遼開泰九年）亦閏十二月。輯要卷八及陳表稱是年遼宋同閏十二月。知此處耶律儼閏二月，誤。

〔六〕大安四年　據長編卷三六八元祐元年及輯要卷八、陳表，當缺大安二年（宋元祐元年）閏二月，或此欄内漏注「缺一閏」。

〔一七〕（乾統）十年　此處記載恐誤。此欄遼閏七月、宋閏八月，然輯要卷八及陳表謂是年遼宋同閏八月。按義和仁壽皇太叔祖哀册亦稱乾統十年閏八月丁酉朔。又本書卷二七天祚皇帝紀一是年七月後書「閏月」，有辛亥、己未、壬戌日，正與閏八月丁酉朔合。

〔一八〕宋閏儼大任　諸本皆同，然與本卷體例不合。羅校云：「『宋』字當列『大任』後。」

遼史卷四十四

志第十四

曆象志下

朔考

古者太史掌正歲年以敍事，國史以事繫日，以日、月、時繫年。時月不正，則敍事不一。故二史合爲一官，頒曆授時，必大一統。

遼、漢、周、宋，俱行夏時，各自爲曆。國史閏朔，頗有異同。遼初用乙未元曆，本何承天元嘉曆法〔一〕；後用大明曆，本祖沖之甲子元曆法。承天日食晦朏，一章必七閏；沖之日食必朔〔二〕，或四年一閏。用乙未曆，漢、周多同；用大明曆，則間與宋異。國史敍事，甲子不殊，閏朔多異，以此故也。耶律儼紀以大明法追正乙未月朔，又與陳大任紀時或牴悟。稽古君子，往往惑之。

用五代職方考志契丹州軍例，作朔考。法殊曰「異」；傳訛曰「誤」；遼史不書國，儼、大任偏見並見各名；他史以國冠朔。並見注于後。

年	孟月朔	仲月朔	季月朔
太祖元年〔三〕			
	丁未 耶律儼	梁丁丑	

二年〔四〕				三年〔五〕			
			乙亥 儼				
				丁酉			
梁壬申							

四年				五年〔六〕			
梁壬辰		戊子 儼		戊戌 儼		壬午 儼	
					梁甲申		
						梁辛巳	

六年〔七〕	丙戌　儼		
七年	甲辰　儼	甲戌　儼	甲辰　儼
	癸酉　儼	壬寅　儼	壬申　儼　梁庚寅，誤。
	辛丑　儼	庚午　儼	庚子　儼
	己巳　儼		戊辰　儼

八年	戊戌 儼		
	丁卯 儼		
	丙申 儼		
	甲子 儼		
九年〔八〕	壬辰 儼		
			庚寅 儼
	庚申 儼		
	戊子 儼		

年			
神册元年	丙辰儼	戊戌〔九〕儼	乙卯儼
	乙酉儼		甲申儼
	甲寅儼	癸未儼	
	癸未儼	壬子儼	壬戌〔一〇〕儼
二年〔一一〕	辛亥儼	庚辰儼	庚戌儼
	己卯儼		戊寅儼
	戊申儼	戊寅儼	
	丁丑儼		

三年	乙亥儼	甲辰儼	甲戌
	癸卯儼	癸酉儼	
	壬申儼		
	辛丑儼		庚子
四年	庚午儼	己亥儼	
	戊戌儼	丁卯儼	
	丙寅儼	乙未儼	
	乙未儼		

五年〔一二〕閏六月庚申 儼 大任〔一三〕				六年〔一四〕			
甲子 儼	癸巳 儼	庚寅 儼	己未 儼	戊子 儼	丁卯 儼 誤，當作丁亥。	甲申 儼	癸丑 儼 大任
	壬戌 儼 誤，當作壬辰。	己未 儼 梁乙未，誤。	戊午 儼 誤，當作戊子。	戊午 儼	丙戌 儼 大任 誤，當作丙辰。		壬午 儼
癸亥 儼 梁 誤，當作癸巳。	辛亥 儼 誤，當作辛酉。	己丑 儼 大任		丁亥 儼 誤，當作丁巳。	己卯 儼 大任		

天贊元年	二年〔二五〕

辛未

儼大任

梁

庚午

儼

唐

三年				四年〔二六〕			
			丙寅 儼		唐癸亥		
唐己巳			乙未 儼				
		丙申 儼					

天顯元年				二年			
	丁亥 儼 大任			唐癸丑			
		唐乙酉		唐壬午		己卯 儼 唐	
				唐壬子			

三年　閏八月癸卯　儀	戊申　儀	丁丑　儀　唐	丁未　儀　唐
	丙子　儀	乙巳　儀	甲戌　儀
	甲辰　儀	癸酉　儀	癸酉　儀
	壬寅　儀　大任癸卯，異。	壬申　儀	壬寅　儀
四年〔一七〕	壬申　儀大任	辛丑　儀	辛未　儀
	庚子　儀	己巳　儀　唐	戊戌　儀
	戊辰　儀	丁丑　儀	丁卯　儀大任
	丙申　儀	丙寅　儀	丙申　儀

五年	丙寅 儼	甲午 儼	壬戌 儼	辛卯 儼	乙未 儼	甲子 儼	壬辰 儼	庚申 儼 唐	乙丑 儼	癸巳 儼 唐	辛酉 儼	庚寅 儼
六年 閏五月戊子 儼唐	庚申 儼	己丑 儼	丙戌 儼	乙卯 儼	己丑 儼	戊午 儼	丙辰 儼	甲申 儼 唐	己未 儼	丁巳 儼	乙酉 儼	甲寅 儼 唐

年			
七年	癸未 儼	癸丑 儼	癸未 儼
	癸丑 儼	壬午 儼大任	壬子 儼
	辛巳 儼大任	庚戌 儼	庚辰 儼
	己酉 儼	己卯 儼	戊申 儼
八年〔一八〕	戊寅 儼	丁未 儼	丁丑 儼
	丁未 儼	丙子 儼	丙午 儼
	乙亥 儼		
	甲辰 儼	癸酉 儼	癸卯 儼 大任己巳，異。

九年〔一九〕閏正月壬寅 唐				十年			
壬申 儼 唐	庚午 儼	己亥 儼	戊辰 儼	丙申 儼	乙丑 儼	癸巳 儼	壬戌 儼
辛未 儼	庚子 儼	己巳 儼	丁酉 儼	丙寅 儼	甲午 儼 大任		壬辰 儼
辛丑 儼	庚午 儼	戊戌 儼	丁卯 儼	乙未 儼	甲子 儼	癸巳 儼	壬戌 儼

十一年[三〇] 閏十一月丙辰 儀唐大任				十二年			
辛卯 儀	己未 儀	丁亥 儀	丙辰 儀	甲寅 儀 大任乙卯。晉二日乙卯，同。	癸未 儀	辛亥 儀	庚辰 儀
庚申 儀	己丑 儀	丁巳 儀	丙戌 儀	甲申 儀	壬子 儀	辛巳 儀	庚戌 儀
庚寅 儀大任		丁亥 儀	乙酉 儀	甲寅 儀	壬午 儀	庚戌 儀	己卯 儀

會同元年				二年〔三〕 閏七月 儼大任晉			
戊申 儼 大任己酉，異。晉同。	戊寅 儼大任	丙午 儼	甲戌 儼	癸卯 儼	壬申 儼 晉	庚子 儼	戊戌 儼
戊寅 儼	丁未 儼	乙亥 儼	甲辰 儼	癸酉 儼	壬寅 儼	己亥 儼	戊辰 儼
戊申 儼	丙子 儼大任	乙巳 儼	甲戌 儼	癸卯 儼	辛未 儼	己巳 儼	丁酉 儼

三年	丁卯儼	丁酉儼	丁卯儼
	丙申儼	丙寅儼	乙未儼
	甲子儼	甲午儼	癸亥儼
	癸巳儼	壬戌儼	壬辰儼
四年	辛酉儼	辛卯儼	辛酉儼
	庚寅儼	庚申儼	庚寅儼
	己未儼	戊子儼	戊午儼
	丁亥儼	丁巳儼	丙戌儼

五年 閏三月甲申	丙辰 儼	乙酉 儼	乙卯 儼	甲寅 儼大任 晉	甲申 儼	癸丑 儼大任	癸未 儼	壬子 儼	壬午 儼	辛亥 儼	辛巳 儼	庚戌 儼
六年〔二〕	庚辰 儼	己酉 儼	己卯 儼大任	戊申 儼	戊寅 儼	丁未 儼	丁丑 儼	丁未 儼 陳〔三〕	丙子 儼	丙午 儼	乙亥 儼	乙巳 儼

七年 閏十二月己巳 儀晉大任	甲戌 儀	甲辰 儀大任	癸酉 儀大任
	癸卯 儀	壬申 儀	辛丑 儀
	辛未 儀	辛丑 儀	庚午 儀 晉
	庚子 儀	庚午 儀	己卯 儀 誤，當作己亥。
八年	戊戌 儀	戊辰 儀	丁酉 儀
	丙寅 儀	丙申 儀	乙丑 儀
	乙未 儀	甲子 儀 晉	甲午 儀
	甲子 儀	甲午 儀	癸亥 儀

九年				大同元年〔二四〕九月改天祿元年〔二五〕			
癸巳 儼	辛酉 儼大任	己丑 儼	戊午 儼	丁亥 儼大任	丙辰 儼大任		
壬戌 儼 晉	庚寅 儼	己未 儼	戊子 儼大任	丁巳 儼大任		壬午 儼大任	
壬辰 儼	庚申 儼	戊子 儼	丁巳 儼	丙戌 儼大任	甲寅 儼大任	壬子 儼大任	

世宗天祿二年				三年			
	庚辰 儼大任	漢戊申		漢乙巳			
	漢戊寅				漢癸酉〔二六〕	辛丑 儼大任	

四年〔二七〕			戊戌 儼大任
			乙丑 儼大任
		漢甲子	
五年 九月改元應曆	癸亥 儼大任		
		壬戌 儼大任	辛卯 儼大任
	辛酉 儼大任	丙辰 儼 誤，當作庚寅。	庚申 儼大任

年			
穆宗應曆二年	戊午　儼大任		周丁巳
	丙戌　儼大任	丙辰　儼大任	周乙酉
			甲寅　儼大任
	甲申　儼大任	癸丑　儼大任	癸未　儼大任
三年〔二八〕	壬午〔二九〕　儼大任　周	辛亥　儼大任	庚申〔三〇〕　儼大任

四年				五年 閏九月〔三二〕 儼大任			
周丙子				辛未 儼大任			
丙午 儼大任				庚子 儼大任 周			乙未 儼大任
							乙丑 儼大任

六年				七年			
					戊午 儼大任		
			己未 儼大任		丙辰 儼大任		

八年 閏七月庚戌 儼大任				九年			
	周辛巳				乙巳 儼大任 周	甲戌 儼大任	
周壬午					乙亥 儼大任		

十年〔三二〕	宋辛丑	宋辛未	宋庚子
	宋庚午	宋己亥	宋己巳
	己亥　儼　宋	戊辰　儼大任　宋	宋戊戌
	宋丁亥	宋丁酉	宋丙寅
十一年　閏三月甲子　宋大任	宋丙申	宋乙丑	宋乙未
	癸巳　儼大任　宋	宋癸亥	宋癸巳
	宋壬戌	宋壬辰	宋壬戌
	宋辛卯	宋辛酉	宋庚寅

十二年〔三〕				十三年 宋閏十二月己酉			
宋庚申	宋戊子	宋丙辰	宋乙酉	宋甲寅	宋壬午	辛亥 僞大任 宋	宋己卯
己丑 僞大任 宋	丁巳 僞 宋戊午，異。	宋丙戌	宋乙卯	宋甲申	宋壬子	宋庚辰	宋己酉
宋戊午	宋丁亥	宋丙辰	宋乙酉	癸丑 僞大任 宋	宋辛巳	庚戌 僞大任 宋	宋己卯

十四年〔三四〕		
戊寅 儼大任 宋	宋戊申	宋丁丑
宋丁未	宋丙子	丙午 儼大任 宋乙巳，異。
宋甲戌	宋甲辰	宋甲戌
宋癸卯	宋癸酉	宋癸卯

十五年		
宋癸酉	壬寅 儼大任 宋	宋壬申
宋辛丑	宋辛未	宋庚子
宋己巳	宋戊戌	宋戊辰
宋丁酉	宋丁卯	宋丁酉

十六年 閏八月壬戌 宋大任				十七年			
丁卯 儼大任 宋	宋丙申	宋甲子	宋辛酉	庚寅 儼大任 宋	宋己未	宋戊子	宋丙辰
宋丙申	宋乙丑	宋癸巳	宋辛卯	宋庚申	宋己丑	宋丁巳	宋乙酉
宋丙寅	宋甲午	宋壬辰	宋辛酉	宋庚寅	宋戊午	丙戌 大任 宋	宋乙卯

十八年				十九年 宋閏五月丁未			
乙酉 儼大任 宋	癸丑 大任 宋	宋壬午	辛亥 儼大任 宋庚戌，異。	己卯 儼大任 宋	戊申 儼大任 宋	宋丙午	宋乙亥
宋甲寅	宋癸未	宋壬子	宋庚辰	己酉 儼大任 宋戊申，異。	宋丁丑	宋丙子	甲辰 儼大任 宋
甲申 儼大任 宋乙酉，異。	宋癸丑	宋辛巳	宋己酉	宋戊寅	丙子 儼大任 宋	宋乙巳	宋甲戌

景宗保寧二年〔三五〕				三年			
宋癸卯	宋辛未	宋庚子	宋己巳	宋戊戌	宋丙寅	宋甲午	宋癸亥
宋壬申	宋辛丑	宋庚午	宋己亥	宋丁卯	宋乙未	甲子 儼大任 宋	宋癸巳
宋壬寅	宋庚午	宋己亥	宋己巳	宋丙申	宋乙丑	宋甲午	癸亥 儼大任 宋

四年 宋閏二月辛卯				五年			
宋壬辰	庚寅 儼大任 宋	宋戊午	丁亥 儼大任 宋	宋丙辰	宋甲申	宋壬子	宋辛巳
宋壬戌	宋己未	宋戊子	宋丁巳	宋丙戌	宋癸丑	宋壬午	辛亥 儼大任 宋
庚申 儼大任 宋	宋戊子	宋丁巳	宋丙戌	乙卯 儼大任 宋	宋癸未	宋壬子	宋辛巳

六年〔三六〕宋閏十月己巳				七年			
宋庚戌	宋己卯	丁未 儼大任 宋	乙亥 儼大任 宋	甲戌 儼大任 宋	宋癸卯	宋辛未	宋己亥
宋庚辰	宋戊申	宋丙子	宋乙亥	宋甲辰	宋壬申	宋庚子	宋己巳
宋庚戌	宋戊寅	宋丙午	宋甲辰	宋癸酉	宋壬寅	宋庚午	宋己亥

八年〔三七〕	宋戊辰	宋戊戌	宋戊辰
	宋丁卯	宋丁酉	宋丙申
	宋乙未	宋乙丑	甲子 儼大任 宋
	宋癸亥	宋癸巳	宋癸亥
九年 宋閏七月庚寅	宋壬戌	宋壬辰	宋壬戌
	宋辛卯	宋辛酉	宋辛卯
	庚申 儼 宋	宋己未	宋己丑
	宋戊午	丁亥 儼大任 宋	宋丁巳

十年〔三八〕				乾亨元年〔三九〕			
宋丙戌	宋乙卯	宋甲申	癸丑 儼大任 宋	宋辛巳	宋己酉	宋戊寅	宋丁未
宋丙辰	宋乙酉	癸丑 儼大任 宋	宋癸未	宋辛亥	己卯 儼大任 宋	宋戊申	宋丁丑
宋乙酉	宋甲寅	宋癸未	宋壬子	宋庚辰	宋己酉	宋丁丑	宋丙午

二年〔四〇〕宋閏三月甲辰	丙子　儼大任　宋	宋乙巳	宋甲戌
	宋甲戌	宋癸卯	宋癸酉
	宋癸卯	宋壬申	宋壬寅
	辛未　儼大任　宋	庚子　儼大任　宋	庚午　儼大任　宋
三年	宋庚子	宋己巳	
	宋戊辰	宋丁酉	
	宋丙申	宋乙丑	宋乙未
	宋乙丑	宋乙未	宋甲子

四年 宋閏十二月戊子				五年 是歲改統和元年			
宋甲午	宋壬戌		己未 儼大任 宋	戊午 儼 宋	丙戌 儼大任 宋	甲寅 儼宋 大任乙卯，異。	癸未 儼大任
		宋庚申	宋己丑	戊子 儼宋 大任丁亥，異。	丙辰 儼 宋	甲申 儼 大任	壬子 儼宋 大任〔四二〕
		宋己丑	戊午 儼大任 宋	宋丁巳	乙酉 儼大任 宋	癸丑 儼大任 宋	壬午 儼大任 宋

聖宗統和二年〔四二〕				三年〔四三〕宋閏九月壬申			
壬子 儀 宋	辛巳 儀	己酉 儀	丁丑 儀 宋戊寅，異。	丙午 儀宋 大任甲戌，異。	乙亥 儀宋 大任甲戌，異。	甲辰 儀宋	辛丑
壬午 儀	庚戌 儀	戊寅 儀	丁未 儀 宋	丙子 儀 宋乙亥，異。	乙巳 儀 宋甲辰，異。	癸酉 儀大任 宋	辛未
辛亥 儀宋 大任庚戌，異。	庚辰 儀宋 大任己卯，異。	戊申 儀大任 宋		乙巳 儀 宋	甲戌 儀宋 大任癸酉，異。	壬寅	庚子 儀 宋

四年				五年			
庚午 儼 宋	己亥 宋 大任	宋戊辰	丙申 儼大任 宋	甲子 儼 宋	癸巳 儼大任 宋	壬戌	宋庚寅
己亥 儼 宋庚子，異。	戊辰 儼 宋	丁酉 儼宋 大任丙申，異。	乙丑 儼宋 大任丙寅，異。	甲午 儼 宋	壬戌 儼 宋癸亥，異。	宋辛卯	宋庚申
己巳 儼大任 宋	戊戌 儼 宋	丙寅 儼 宋	丁酉 儼誤 宋乙未，異。	癸亥 儼大任 宋	壬辰 儼 宋	宋辛酉	宋庚寅

六年〔四四〕閏五月丙戌 宋大任				七年			
己未 儀 宋	丁亥	乙酉	宋甲寅	癸未 儀大任 宋	辛亥 儀 宋	宋己卯	宋己酉
戊子 儀 宋己丑，巽。	丁巳 儀 宋丙辰，巽。	乙卯	甲申 儀 宋	壬子 儀 宋	庚辰 大任 宋	宋己酉	宋戊寅
戊午 儀 宋	丙辰 儀 宋	乙酉 儀 宋	甲寅 儀 宋	壬午 儀大任 宋	庚戌	宋己卯	宋戊申

八年	宋戊寅	丁未 儼 宋	宋丙子	丙午 儼 宋	宋乙亥	宋甲辰	宋甲戌	宋癸卯	宋癸酉	宋癸卯	宋壬申	宋壬寅
九年 閏二月辛未 儼宋	宋壬申	宋辛丑	庚子 儼 宋	宋庚午	宋己亥	宋己巳	宋戊戌	宋丁卯	宋丁酉	宋丙寅	宋丙申	宋丙寅

十年				十一年〔四五〕宋閏十月甲申			
宋丙申	宋甲子	宋壬辰	庚申 儼誤 宋辛酉	宋庚寅	宋己未	宋丁亥	甲申 儼誤 宋乙卯
乙丑 儼 宋	甲午 儼	宋壬戌	宋辛卯	宋己未	宋戊子	宋丙辰	宋甲寅
宋乙未	宋癸亥	宋壬辰	宋庚申	宋己丑	宋戊午	宋丙戌	宋甲申

十二年〔四六〕	癸丑 儼大任 宋甲寅，異。	宋癸未	宋癸丑	宋壬午	宋壬子	辛巳 儼 宋壬午，異。	辛亥 儼大任 宋	庚辰 儼大任 宋	宋庚戌	宋己卯	戊申 儼大任 宋	戊寅 儼大任 宋
十三年〔四七〕	宋戊申	丁丑 儼大任 宋	宋丁未	宋丙子	宋丙午	丙子 儼大任 宋	己巳 儼大任 宋	宋乙亥	宋甲辰	宋甲戌	宋癸卯 高麗	宋癸酉

十四年 閏七月己巳儼大任宋	宋壬寅	宋壬申	宋辛丑
	宋辛未	宋辛丑	宋庚午
	宋己亥	宋己亥	宋戊辰
	宋戊戌	宋丁卯	宋丁酉
十五年	宋丙寅	丙申儼大任宋	乙丑儼大任宋
	乙未儼大任宋	甲子儼大任宋	宋癸巳
	宋癸亥	宋癸巳	宋癸亥
	壬辰儼大任宋	壬戌儼大任宋	宋壬辰

十六年	宋辛酉	宋庚寅	宋庚申
	宋己丑	宋戊午	戊子 儼大任 宋
	丁巳 儼大任 宋	丁亥 儼大任 宋	丁巳 儼大任 宋
	宋丙戌	宋丙辰	丙戌 儼大任 宋
十七年〔四八〕 宋閏三月甲申	乙卯 儼大任 宋丙辰，異。	宋乙酉	宋甲寅
	宋癸丑	宋壬午	宋壬子
	宋辛丑	宋辛亥	庚辰 儼宋 大任
	宋庚戌	宋庚辰	宋庚戌

十八年			
宋己卯	宋戊申	宋丙子	宋甲辰
宋己酉	宋丁丑	宋乙巳	甲戌 儼大任 宋
宋戊寅	宋丙午	乙亥 儼大任 宋	宋甲辰
十九年(四九) 宋閏十二月戊辰			
宋甲戌	宋壬寅	庚午 儼大任 宋	宋己亥
宋癸卯	宋壬申	宋庚子	宋戊辰
宋壬申	宋辛丑	己巳 儼大任 宋	宋戊戌

二十年	宋丁酉	宋丁卯	宋丁酉
	丙寅 儼大任 宋	宋丙申	宋乙丑
	甲午 儼大任 宋	甲子 儼大任 宋	癸巳 儼大任 宋
	癸亥 儼大任 宋	宋壬辰	宋壬戌
二十一年	宋辛卯	宋辛酉	宋辛卯
	宋庚申	庚寅 儼大任 宋	宋己未
	宋己丑	宋戊午	宋戊子
	丁巳 儼大任 宋	丁亥 儼大任 宋	宋丙辰

二十二年 閏九月壬子 儼宋大任				二十三年			
宋丙戌	宋甲寅	宋癸未	宋辛巳	宋庚戌	宋戊寅	宋丁未	丙子 儼大任 宋
乙卯 儼大任 宋	宋甲申	宋癸丑	宋辛亥	宋己卯	戊申 儼大任 宋	宋丁丑	乙巳
宋乙酉	宋甲寅	宋壬午	庚辰 儼大任 宋	宋己酉	宋丁丑	宋丙午	宋乙亥

年			
二十四年	宋甲辰	宋甲戌	宋癸卯
	宋壬申	壬寅 儼大任 宋	宋辛未
	辛丑 儼大任 宋	宋辛未	宋庚子
	庚午 儼 宋	宋庚子	宋己巳
二十五年 宋閏五月丙寅	宋己亥	宋戊辰	宋戊戌
	宋丁卯	宋丙申	宋乙未
	宋乙丑	宋甲午	宋甲子
	宋甲午	宋甲子	宋癸巳

年			
二十六年	宋癸亥	宋壬辰	宋壬戌
	辛卯 儀大任 宋	庚申 儀 宋	宋庚寅
	宋己未	宋己丑	宋戊午
	戊子 儀 宋	宋戊午	宋丁亥
二十七年	宋丁巳	宋丁亥	宋丙辰
	丙戌 儀大任 宋	宋乙卯	宋甲申
	甲申 儀誤 宋大任甲寅	宋癸未	宋壬子
	宋壬午	壬子 儀大任 宋	宋辛巳

二十八年 宋閏二月辛亥	辛亥 儼大任 宋	宋辛巳	宋庚辰
	宋庚戌	己卯 儼大任 宋乙卯，誤。	宋戊申
	宋戊寅	宋丁未	宋丙子
	丙午 儼大任 宋	宋丙子	宋乙巳
二十九年	乙亥 儼大任 宋	宋乙巳	宋甲戌
	宋甲辰	甲戌 儼大任 宋	宋癸卯
	宋壬申	宋壬寅	宋辛未
	宋庚子	庚午 大任 宋	宋庚子

開泰元年〔五〇〕宋閏十月己丑	宋己巳	宋己亥	宋戊辰
	宋戊戌	戊辰 儼大任 宋	宋丁酉
	宋丁卯	宋丙申	宋丙寅
	宋乙未	甲午 大任 宋	宋甲子
二年	宋癸巳	宋癸亥	壬辰 儼大任 宋
	壬戌	辛卯 儼大任 宋	辛酉 儼大任 宋
	辛卯	宋庚申	宋庚寅
	己未 儼大任 宋	宋己丑	宋戊午

年				
三年〔五一〕	宋戊子	宋丙辰	乙酉 儼大任 宋	甲寅 儼大任 宋
	宋丁巳	丙戌 儼大任 宋乙酉，異。	甲寅 儼大任 宋	宋癸未
	宋丙戌	宋乙卯	宋甲申	宋癸丑
四年〔五二〕 宋閏六月己卯	宋壬午	庚戌 儼大任 宋	宋戊申	宋戊寅
	壬子 儼大任 宋	宋庚辰	宋戊寅	宋丁未
	宋辛巳	宋己酉	宋戊申	宋丁丑

五年				六年			
宋丙午	宋甲戌	宋癸卯	宋壬申	宋辛丑	宋己巳	宋丁酉	宋丙寅
宋丙子	宋甲辰	宋壬申	宋辛丑	宋庚午	戊戌 儼大任 宋	宋丙寅	宋乙未
乙巳 儼大任 宋	宋甲戌	宋壬寅	宋辛未	宋庚子	戊辰 大任 宋	宋丙申	宋乙丑

七年〔五三〕宋閏四月癸巳				八年			
宋乙未	宋甲子	宋辛酉	宋庚寅	宋己未	戊子 儼大任 宋	宋丙辰	宋甲申
乙丑 儼大任 宋	宋壬戌	宋庚寅	宋己未	宋己丑	宋丁巳	宋乙酉	宋癸丑
宋乙未	宋壬辰	宋庚申	宋己丑	宋戊午	宋丙戌	宋甲寅	宋癸未

九年〔五四〕 閏二月壬子 儼			
宋癸丑	宋癸未	宋壬子 以下宋朔同、月異。
宋壬午 儼三月。以下用此推之。	宋辛亥	宋辛巳
庚戌 儼大任 宋	宋庚辰	宋己酉
宋戊寅	宋戊申	宋丁丑 宋閏丁未，異。
太平元年			
宋丁丑	宋丙午	宋丙子
宋丙午	宋乙亥	宋乙巳
甲戌 儼大任 宋	宋甲辰	宋甲戌
宋癸卯	壬申 儼 宋癸酉，異。	宋壬寅

二年				三年 閏九月壬辰 儼宋			
宋辛未	宋庚子	宋戊辰	宋丁酉	宋丙寅 高麗	宋甲午	宋壬戌	宋辛酉
辛丑 儼大任 宋庚子，異。	宋己巳	宋戊戌	宋丁卯	宋乙未	宋癸亥	宋壬辰	宋辛卯
宋庚午	宋己亥	宋戊辰	宋丙申	宋甲子	宋癸巳	宋壬戌	宋庚申

四年	宋庚寅	宋己未	戊子 儼 宋
	宋戊午	宋丁亥	宋丁巳
	宋丙戌	宋丙辰	宋丙戌
	宋乙卯	宋乙酉	宋乙卯
五年	宋甲申	宋甲寅	宋癸未
	宋壬子	宋壬午	宋辛亥
	宋庚辰	宋庚戌	宋庚辰
	宋己酉	宋己卯	宋己酉

六年 閏五月丙午 宋				七年			
宋己卯	丁未 儼 宋	宋甲辰	宋甲戌	宋壬寅	宋辛未	宋己亥	宋丁卯
宋戊申	宋丁丑	宋甲戌	宋癸卯	宋壬申	宋庚子	宋戊辰	宋丁酉
宋戊寅	宋乙亥	宋甲辰	宋壬申	宋壬寅	宋庚午	宋戊戌	宋丁卯

八年	宋丁酉	宋丙寅	宋丙申	宋丙寅	宋乙未	宋甲子	宋甲午	宋癸亥	宋壬辰	宋壬戌	宋辛卯	宋辛酉
九年〔五五〕閏七月庚寅 宋	宋辛卯	宋庚申	宋庚申	宋己丑	宋己未	宋戊子	戊午 儼大任 宋	丁卯 儼誤 宋丁亥	宋丙辰	丙戌 儼大任 宋	乙卯 儼大任 宋	宋乙酉

十年				十一年 閏十月乙巳 儷宋			
宋乙卯	宋癸未	宋壬子	宋辛巳	宋己酉	宋丁丑	宋丙午	宋乙亥
宋甲申	宋癸丑	宋壬午	宋庚戌	宋戊寅	宋丁未	宋庚子 誤，當作丙子。	宋甲戌
宋甲寅	宋癸未	宋辛亥	宋己卯	宋戊申	丁丑 儷大任 宋	宋丙午	宋癸卯

興宗重熙元年				二年			
宋壬申	宋辛丑	宋庚午	宋己亥	宋戊辰	宋丙申	宋甲子	宋癸巳
宋壬寅	宋辛未	宋庚子	宋己巳	宋丁酉	宋乙丑	宋甲午	宋癸亥
壬申 儼 宋	宋庚子	宋己巳	宋戊戌	宋丙寅	宋甲午	宋癸亥	宋癸巳

三年 閏六月戊午 宋				四年			
宋壬戌	宋庚寅	戊子 儼 宋	宋丁巳	宋丙戌	甲寅 儼 宋	壬午 儼 宋	宋辛亥
壬辰 儼 宋	庚申 儼 宋	宋戊午	宋丁亥	宋丙辰	宋甲申	宋壬子	宋辛巳
宋辛酉	宋己丑	宋丁亥	宋丁巳	乙酉 儼 宋	癸酉 儼誤 宋癸丑	宋辛巳	宋辛亥

五年				六年 閏四月癸酉 宋			
宋庚辰	宋己酉	宋丁丑	宋乙巳	宋甲戌	宋甲辰	辛丑 儀 宋	宋己巳
宋庚戌	宋戊寅	丙午 儀 宋	宋乙亥	宋甲辰	宋壬寅	宋庚午	宋己亥
宋庚辰	宋戊申	丙子	宋乙巳	宋甲戌	宋壬申	宋庚子	己亥 儀誤 宋戊辰

七年	宋戊戌	宋戊辰	戊戌
	宋丁卯	宋丁酉	宋丙寅
	宋丙申	宋乙丑	宋甲午
	甲子 儼 宋	宋癸巳	宋癸亥
八年 閏十二月丁亥 宋	宋壬辰	宋壬戌	宋壬辰
	宋辛酉	宋辛卯	宋庚申
	宋庚寅	宋庚申	宋己丑
	宋己未	宋戊子	宋丁巳

年			
九年	丙辰 儼 宋	宋丙戌	宋乙卯
	宋乙酉	乙卯 儼 宋甲寅，異。	宋甲申
	宋甲寅	宋癸未	宋癸丑
	癸未 儼 宋	宋壬子	宋壬午
十年	宋辛亥	庚辰 儼 宋	宋庚戌
	宋己卯	宋己酉	宋戊寅
	宋戊申	宋丁丑	宋丁未
	宋丁丑	宋丁未	宋丙子

十一年〔五六〕 閏九月辛未 宋	宋丙午	甲戌 儼 宋	壬寅 儼 宋	宋辛丑
	宋乙亥	宋癸卯	宋壬申	宋庚午
	甲辰 儼 宋	宋癸酉	宋辛丑	宋庚子
十二年	宋庚午	宋戊戌	丙寅 儼 宋	宋乙未
	宋己亥	宋丁卯	乙未 儼 宋高麗	宋乙丑
	宋戊辰	宋丙申	壬申 誤 宋乙丑	宋甲午

十三年〔五七〕				十四年 閏五月丙戌 宋			
甲子 儮 宋	宋壬辰	宋辛酉	宋己丑	宋戊午	宋丁亥	甲申 儮 宋	宋癸丑
宋甲午	壬戌 儮 宋	宋庚寅	宋戊午	宋戊子	宋丙辰	宋甲寅	壬午 儮 宋
宋癸亥	宋辛卯	宋己未	宋戊子	宋丁巳	宋乙卯	宋癸未	宋壬子

十五年	宋壬午	宋壬子	宋辛巳
	辛亥 儷 宋	宋庚辰	宋庚戌
	宋己卯	宋戊申	宋戊寅
	宋丁未	宋丁丑	宋丙午
十六年	宋丙子	宋丙午	宋乙亥
	乙巳 儷 宋	宋乙亥	宋甲辰
	宋甲戌	宋癸卯	宋壬申
	宋壬寅	宋辛未	辛丑 儷 宋

十七年 閏正月庚子 宋				十八年			
宋庚午	宋己巳	宋丁酉	宋丙寅	甲午 儼 宋高麗	宋癸亥	宋壬辰	宋庚申
宋己巳	宋戊戌	宋丁卯	乙未 儼 宋	宋甲子	宋壬辰	宋辛酉	宋庚寅
宋己亥	宋戊辰	宋丙申	宋乙丑	宋癸巳	宋壬戌	宋辛卯	宋庚申

十九年 閏十一月甲寅 宋			
宋己丑	宋丁巳	丙戌	宋乙卯
宋戊午	宋丁亥	宋乙卯	宋甲申
宋戊子	丙辰 儼 宋	宋乙酉	宋甲申

二十年			
宋癸丑	宋辛巳	宋己酉	己卯 儼 宋
宋壬午	宋庚戌	宋己卯	宋戊申
壬子 儼 宋	宋庚辰	宋己酉	宋戊寅

二十一年				二十二年 閏七月戊辰			
宋戊申	宋丙子	甲辰 儼 宋	宋癸酉	宋壬寅	宋庚午	宋戊戌	丙申 儼 宋
宋丁丑	宋乙巳	癸酉 儼 宋	宋壬寅	宋壬申	宋庚子	宋丁酉	宋丙寅
宋丙午	宋甲戌	宋癸卯	宋壬申	宋辛丑	宋己巳	宋丁卯	丙申 儼 宋

二十三年	宋丙寅	宋乙未	宋乙丑	宋甲午	宋甲子	宋癸巳	宋壬戌	宋壬辰	宋辛酉	宋辛卯	宋庚申	宋庚寅
二十四年	宋庚申	宋己丑	宋己未 高麗〔五八〕	宋己丑	宋戊午	宋戊子	宋丁巳	宋丙戌	宋丙辰	宋乙酉	宋乙卯	宋甲申

道宗清寧二年 宋閏三月癸未				三年			
宋甲寅	宋壬子	宋辛巳	宋己酉	宋戊寅 高麗	宋丙午	宋乙亥	宋甲辰
宋癸未	宋壬午	宋庚戌	宋己卯	宋丁未	宋丙子	宋乙巳	宋癸酉
宋癸丑	宋辛亥	宋庚辰	戊申 儼 宋	宋丁丑	宋丙午	宋甲戌	宋癸卯

四年 宋閏十二月丁卯	壬申 儼 宋	宋壬寅	宋辛未
	宋辛丑	庚午 儼 宋	宋庚子
	宋己巳	宋己亥	宋己巳
	戊戌 儼 宋	宋戊辰	宋丁酉
五年	宋丙申	宋丙寅	宋乙未
	甲子 儼 宋乙丑，異。	宋甲午	宋癸亥
	宋癸巳	宋癸亥	宋癸巳
	壬子 誤 宋壬戌	宋壬辰	宋壬戌

六年	宋辛卯	宋庚申	宋庚寅
	宋己未	戊子 儀 宋	戊午 儀 宋
	宋丁亥	宋丁巳	宋丁亥
	宋丙辰	宋丙戌	宋丙辰
七年 閏八月辛巳 宋	宋乙酉	宋乙卯	宋甲申
	宋甲寅	宋癸未	壬午 儀誤 宋壬子
	宋壬午	宋辛亥	宋庚戌
	宋庚辰	宋庚戌	宋庚辰

八年				九年〔五九〕			
宋己酉	宋戊寅	宋丙午	甲戌 儼 宋	宋癸卯	宋壬申	宋庚子	戊辰 儼 宋
宋己卯	宋丁未	宋乙亥	宋甲辰	宋癸酉	宋壬寅	庚午 儼 宋	宋戊戌
戊申 儼 宋	甲子 儼誤 宋丙子	宋乙巳	宋甲戌	宋癸卯	宋辛未	宋己亥	宋戊辰

十年 閏五月丙寅 宋				咸雍元年			
宋丁酉	宋丁卯	宋甲子	壬辰 儼 宋癸巳，異。	辛酉 儼大任 宋高麗	宋庚寅	宋己未	丁亥 儼大任 宋
宋丁卯	宋丙申	宋甲午	宋壬戌	宋辛卯	宋庚申	宋戊子	宋丁巳
宋丁酉	宋乙未	宋癸亥	宋壬辰	宋辛酉	宋己丑	宋戊午	宋丙戌

二年				三年〔六〇〕閏三月己卯 宋			
宋丙辰	宋甲申	癸丑 儼大任 宋	宋壬午	宋庚戌	宋戊申	宋丁丑	宋丙午
宋乙酉	宋甲寅	宋癸未	宋辛亥	宋庚辰	宋戊寅	宋丁未	宋乙亥
宋乙卯	宋甲申	壬子 儼大任 宋	宋辛巳	宋己酉	宋丁未	宋丙子	宋乙巳

四年				五年 閏十一月甲午 宋			
甲戌 儼大任 宋	宋壬寅	宋辛未	宋庚子	宋己巳	宋丁酉	乙丑 儼大任 宋	宋甲午
甲辰 儼大任 宋	宋壬申	宋辛丑	宋庚午	宋戊戌	宋丙寅	宋乙未	宋甲子
宋癸酉	宋辛丑	宋庚午	宋己亥	宋戊辰	宋丙申	宋甲子	宋癸亥

六年〔六二〕	宋癸巳	宋癸亥	宋壬辰
	宋辛酉	宋庚寅	宋庚申
	宋己丑	宋戊午	宋戊子
	宋戊午	宋戊子	宋丁巳
七年	宋丁亥	宋丁巳	宋丙戌
	宋丙辰	宋乙酉	宋甲寅
	甲申儼大任宋	宋癸丑	宋壬午
	宋壬子	宋壬午	宋辛亥

八年 閏七月戊申 宋				九年			
宋辛巳	宋庚戌	宋戊寅	宋丙子	宋乙巳	宋甲戌	宋壬寅	宋庚午
宋辛亥	宋庚辰	宋丁丑	宋丙午	宋乙亥	宋癸卯	宋壬申	宋庚子
宋辛巳	宋己酉	宋丙午	宋乙亥	宋甲辰	宋癸酉	宋辛丑	宋庚午

十年				大康元年〔六二〕閏四月壬辰 宋			
宋己亥	宋戊辰	宋丁酉	宋乙丑	宋甲午	宋壬戌	辛酉 宋	宋己丑
宋己巳	宋戊戌	宋丙寅	宋乙未	宋癸亥	宋辛酉	庚寅 儼大任 宋	宋己未
宋戊戌	宋丁卯	宋丙申	宋甲子	宋癸巳	宋辛卯	宋庚申	宋己丑

二年	宋戊午	宋丁亥	宋丙辰
	宋丙戌	宋丙辰	乙酉儼大任宋
	宋乙卯	宋甲申	宋甲寅
	宋甲申	宋癸丑	宋癸未
三年〔六三〕	宋壬子	壬午儼大任宋	宋辛亥
	宋庚辰	宋庚戌	己卯
	宋己酉	宋戊寅	宋戊申
	宋戊寅	宋戊申	宋丁丑

四年〔六四〕閏正月丙子 宋				五年			
宋丁未	宋甲辰	宋癸酉	宋壬寅	宋辛未	宋己亥	宋丁卯	宋丙申
宋丙午	宋甲戌	宋壬寅	宋辛未	宋庚子	宋戊辰	宋丙申	宋乙丑
宋乙亥	宋癸卯	宋壬申	宋辛丑	宋庚午	宋戊戌	宋丙寅	宋乙未

六年 閏九月庚寅 宋				七年			
宋乙丑	宋甲午	宋壬戌	己未 儀大任 宋	宋己丑	宋戊午	宋丙戌	宋甲寅
宋乙未	癸亥 大任	宋辛卯	己丑 儀大任 宋	宋戊午	宋丁亥	宋乙卯	宋癸未
宋甲子	宋壬辰	宋庚申	宋己未	宋戊子	宋丙辰	宋甲申	宋癸丑

八年				九年 閏六月乙亥 宋			
宋癸未	宋壬子	宋庚辰	宋戊申	宋丁丑	丙午 儼大任 宋	宋甲辰	宋癸酉
宋癸丑	宋辛巳	宋庚戌	宋戊寅	宋丁未	宋丙子	宋甲戌	宋壬寅
宋壬午	辛亥 儼大任 宋	宋己卯	宋丁未	宋丙子	宋乙巳	癸卯 儼大任	宋辛未

十年				大安元年 缺一閏			
辛丑 儠大任 宋高麗	宋庚午	宋戊戌	宋丁卯	宋丙申	宋甲子	宋癸巳	宋壬戌
庚午 儠 宋	宋己亥	宋戊辰	宋丁酉	宋乙丑	宋癸巳	宋壬戌	辛卯 高麗 宋
宋庚子	宋己巳	宋戊戌	宋丙寅	宋甲午	宋癸亥	宋壬辰	辛酉

年			
二年〔六五〕	宋庚寅	庚申	宋戊午
二年〔六五〕	宋戊子	丁巳 儼大任 宋	丁亥 儼 宋 大任丙午，誤。
二年〔六五〕	宋丙辰	宋丙戌	宋丙辰
二年〔六五〕	己酉 儼誤 宋乙酉	宋庚午 誤，當作乙卯。	宋乙酉
三年	宋甲寅	宋甲申	宋癸丑
三年	宋壬午	宋壬子	宋辛巳
三年	宋庚戌	宋庚辰	宋庚戌
三年	宋己卯	宋己酉	宋己卯

年			
四年 閏十二月癸卯宋	宋己酉	宋戊寅	宋戊申
	宋丁丑	宋丙午	宋丙子
	宋乙巳	宋甲戌	宋甲辰
	宋癸酉	宋癸卯	癸卯儼誤大任宋癸酉
五年	宋壬申	宋壬寅	宋壬申
	宋辛丑	宋庚午	宋庚子
	宋己巳	宋戊戌	宋戊辰
	宋丁酉	丁卯儼大任宋	宋丁酉

六年				七年 閏八月丁巳 宋			
宋丁卯	宋丙申	宋甲子	宋壬辰	宋辛酉	宋庚寅	戊午 儼大任 宋	宋丙辰
宋丙申	宋乙丑	宋癸巳	宋辛酉	宋庚寅	己未 儼大任 宋	宋戊子	宋乙酉
宋丙寅	宋甲午	宋壬戌	宋辛卯	宋庚申	宋己丑	宋丙戌	宋乙卯

八年				九年〔六六〕			
宋甲申	宋癸丑	宋壬午	庚戌 儼大任 宋	宋己卯	宋丁未	宋丙子	宋乙巳
宋甲寅	宋癸未	宋壬子	宋庚辰	宋戊申	宋丁丑	宋丙午	宋乙亥
宋甲申	宋癸丑	宋辛巳	宋己酉	宋戊寅	丁未 儼大任 宋	宋丙子	宋甲辰

十年 閏四月辛未 宋	宋癸酉	壬寅 僟大任 宋	庚子 大任 宋	宋己巳	宋癸卯	宋辛丑	宋庚午	宋己亥	壬申 僟 宋	宋庚午	宋己亥	宋戊辰
壽隆元年	戊戌 僟大任 宋	宋丙寅	宋甲午	宋癸亥	宋丁卯	乙未 僟大任 宋	宋甲子	宋癸巳	宋丙申	宋乙丑	宋癸巳	宋癸亥

二年				三年 閏二月丙戌 宋			
宋壬辰	宋庚申	宋戊子	宋丁巳	宋丙戌	宋甲申	壬子 大任	宋辛巳
宋壬戌	宋庚寅	宋戊午	宋丁亥	丙辰 儼大任 宋	宋甲寅	宋壬午	宋辛亥
宋辛卯	宋己未	宋丁亥	宋丁巳	宋乙卯	宋癸未	宋辛亥	宋辛巳

年			
四年	宋庚戌	宋庚辰	宋庚戌
	宋己卯	宋戊申	戊寅 儼大任 宋
	宋丁未	宋丙子	宋丙午
	乙亥 儼大任 宋	乙巳 儼大任 宋	宋乙亥
五年 閏九月庚午 宋	宋甲辰	宋甲戌	宋甲辰
	宋癸酉	宋癸卯	宋壬申
	壬寅 儼大任 宋	宋辛未	宋庚子
	己亥 儼大任 宋	己巳 儼	宋戊戌

六年	宋戊辰	宋戊戌	宋戊辰
	丁酉 儀大任 宋	宋丁卯	宋丙申
	宋丙寅	宋乙未	宋甲子
	宋甲午	宋癸亥	宋癸巳
七年	壬戌 儀大任 宋	壬辰 儀大任 宋	宋壬戌
	宋辛卯	宋辛酉	宋庚寅
	宋庚申	宋庚寅	宋己未
	宋戊子	宋戊午	宋丁亥

天祚乾統二年 閏六月甲寅 宋	宋丁巳	宋丙戌	宋丙辰	宋乙酉	宋乙卯	宋乙酉	宋甲申	宋癸丑	宋癸未	宋壬子	宋壬午	宋辛亥
三年	宋辛巳	宋庚戌	宋庚辰	宋己酉	宋己卯	宋戊申	宋戊寅	宋丁未	宋丁丑	宋丁未	宋丁丑	宋丙午

四年				五年 閏二月己巳 宋			
宋丙子	宋甲辰	宋壬申	宋辛丑	宋庚午	宋戊辰	宋丙申	宋乙丑
宋乙巳	宋癸酉	宋壬寅	宋辛未	宋庚子	宋丁酉	宋乙丑	宋乙未
宋甲戌	宋壬寅	宋辛未	宋庚子	宋戊戌	宋丙寅	宋乙未	宋甲子

六年	宋甲午	宋甲子	宋癸巳
	宋壬戌	宋壬辰	宋辛酉
	宋庚寅	宋庚申	宋己丑
	宋己未	宋戊子	宋戊午
七年 閏十月癸未 宋	宋戊子	宋戊午	宋丁亥
	宋丁巳	宋丙戌	宋丙辰
	宋乙酉	宋甲寅	宋甲申
	宋癸丑	宋壬子	宋壬午

八年	宋壬子	宋壬午	宋辛亥 高麗
	宋辛巳	宋庚戌	宋庚辰
	宋己酉	宋戊寅	宋戊申
	宋丁丑	宋丁未	宋丙子
九年	丙午 大任 宋	宋丙子	宋乙巳
	宋乙亥	宋乙巳	宋甲戌
	宋甲辰	宋癸酉	宋壬寅
	宋壬申	宋辛丑	宋辛未

十年 閏八月丁酉 宋				天慶元年			
宋庚子	宋己巳	宋戊戌	宋丙申	宋甲子	宋癸巳	宋壬戌	宋庚寅
宋庚午	宋己亥	宋丁卯	宋乙丑	宋甲午	宋壬戌	宋辛卯	宋庚申
宋己亥	宋戊辰	宋丙寅	宋乙未	宋癸亥	宋壬辰	宋辛酉	宋己丑

二年	己未 儼大任 宋	宋戊子	宋戊午
	丁亥 儼大任 宋	宋丁巳	宋丙戌
	宋丙辰	宋乙酉	宋乙卯
	宋乙酉	宋甲寅	宋甲申
三年 閏四月辛亥 宋	宋甲寅	宋癸未	宋壬子
	宋壬午	宋庚辰	宋庚戌
	宋己卯	宋己酉	宋己卯
	宋戊申	宋戊寅	宋戊申

四年				五年			
宋戊寅	宋丙午	宋甲戌	壬寅 儼大任 宋	宋壬申	宋庚子	宋戊辰	宋丁酉
宋丁未	宋乙亥	宋癸卯	宋壬申	宋辛丑	宋庚午	宋戊戌	宋丙寅
宋丙子	宋甲辰	宋癸酉	宋壬寅	宋辛未	己亥 儼大任 宋	丁卯 儼大任 宋	宋丙申

六年 閏正月丙申 宋				七年			
宋丙寅	宋甲子	宋壬辰	宋辛酉	宋庚寅	宋己未	宋丁亥	乙卯 儼大任 宋
宋乙丑	宋甲午	宋壬戌	宋庚寅	宋己未	宋戊子	宋丙辰	宋乙酉
宋乙未	宋癸亥	宋辛卯	宋庚申	宋己丑	宋戊午	宋丙戌	宋甲寅

八年〔六七〕閏九月庚戌 宋				九年			
宋甲申	宋癸丑	宋辛巳	宋己卯	宋戊申	宋丙子	宋乙巳	甲戌 大任 宋
宋癸丑	壬午 儼 宋	宋辛亥	宋己酉	宋丁丑	宋丙午	宋乙亥	宋癸卯
宋癸未	宋壬子	宋庚辰	宋戊寅	丁未 儼大任 宋	宋丙子	宋甲辰	宋癸酉

十年	宋壬寅	宋壬申	宋辛丑
	宋辛未	宋庚子	宋庚午
	宋己亥	宋己巳	宋己亥
	宋戊辰	宋戊戌	宋丁卯
保大元年 閏五月甲子 宋	丁酉 儼大任 宋	宋丙寅	宋丙申
	宋乙丑	宋甲午	宋癸巳
	宋癸亥	宋癸巳	宋壬戌
	宋壬辰	宋壬戌	宋辛卯

年			
二年	宋辛酉	庚寅 儼大任 宋	宋庚申
	宋己丑	宋戊午	宋戊子
	丁巳 儼大任 宋	宋丁亥	宋丁巳
	宋丙戌	宋丙辰	宋丙戌
三年	宋乙卯	乙酉 儼 宋	宋甲寅
	甲申 儼大任 宋	癸丑 大任 宋	宋壬午
	宋壬子	宋辛巳	宋辛亥
	宋庚辰	宋庚戌	宋庚辰

年			
四年 閏三月戊寅 宋	宋庚戌	宋己卯	宋己酉
	宋戊申	宋丁丑	宋丙午
	宋丙子	宋乙巳	宋甲戌
	宋甲辰	宋甲戌	宋甲辰
五年	宋癸酉	宋癸卯	宋癸酉
	宋壬寅	宋壬申	宋辛丑
	宋庚午	宋庚子	宋己巳
	宋戊戌	宋戊辰	宋戊戌

宋元豐元年十二月，詔司天監考遼及高麗、日本國曆與奉元曆同異。遼己未歲氣朔與宣明曆合，日本戊午歲與遼曆相近，高麗戊午年朔與奉元曆合，氣有不同。戊午，遼大康四年；己未，五年也。當遼、宋之世，二國司天固相參考矣。

高麗所進大遼事蹟，載諸王册文，頗見月朔，因附入。

象

孟子有言：「天之高也，星辰之遠也，苟求其故，千歲之日至可坐而致。」甚哉！聖人之用心，可謂廣大精微，至矣盡矣。

日有晷景，月有明魄，斗有建除，星有昏旦。觀天之變而制器以候之，八尺之表，六尺之筒，百刻之漏，日月星辰示諸掌上。運行既察，度分既審，於是像天圜以顯運行，置地櫃以驗出入，渾象是作。天道之常，尋尺之中可以俯窺，陶唐之象是矣。設三儀以明度分，管一衡以正辰極，渾儀是作。天文之變，六合之表可以仰觀，有虞之璣是矣。體莫固於金，用莫利於水。範金走水，不出户而知天道，此聖人之所以爲聖也。

歷代儀象表漏，各具于志。太宗大同元年，得晉曆象、刻漏、渾象。後唐清泰二年已稱損折不可施用，其至中京者槩可知矣。古之鍊銅，黑黃白青之氣盡，然後用之，故可施於久遠。唐沙門一行鑄渾天儀，時稱精妙，未幾銅鐵漸澁，不能自轉，置不復用。金質不精，水性不行，況移之沍寒之地乎？

刻漏

晉天福三年造。周官挈壺氏懸壺必爨之以火。地雖沍寒，蓋可施也。

官星

古者官星萬餘名。遭秦焚滅圖籍，世祕不傳。漢收散亡，得甘德、石申、巫咸三家圖經。經緯合千餘官，僅存什一。分爲三垣、四宮、二十八宿，樞以二極，建以北斗，緯以五星，日月代明，貴而太一，賤逮屎糠。占決之用，亦云備矣。司馬遷天官書既以具録，後世保章守候，無出三家官星之外者。天象昭垂，歷代不易，而漢、晉、隋、唐之書累志天文，近於衍矣。且天象機祥，律格有禁，書于勝國之史，詿誤學者，不宜書。其日食、星變、風雲、震雪之祥，具載帝紀，不復書。

校勘記

〔一〕遼初用乙未元曆本何承天元嘉曆法　本書卷四二曆象志上云：「晉天福四年，司天監馬重績奏上乙未元曆，號調元曆，太宗所收于汴是也。穆宗應曆十一年，司天王白、李正等進曆，蓋乙未元曆也。」知遼初所行乙未元曆乃後晉馬重績調元曆，似與劉宋何承天元嘉曆無涉。

〔二〕沖之日食必朔　「日食必朔」，原作「日必食朔」，據文義及曆理乙正。

〔三〕太祖元年　四月耶律儼丁未朔、五月梁丁丑朔，原置於前行正月、二月内。按本書卷一太祖紀上及新五代史卷二梁太祖紀下、通鑑目録卷二六，是年（梁開平元年）遼四月丁未朔，梁五月丁丑朔，輯要卷八、陳表同。今據移。

〔四〕（太祖）二年　十月乙亥朔，「乙亥」，疑當作「己亥」。按本書卷一太祖紀上作「己亥」，通鑑目録卷二六及輯要卷八、陳表皆同。又九月己巳朔，距乙亥僅六日，距己亥計三十日。以下凡朔日干支訛誤，均出校不改。另，本書卷一太祖紀上謂是年正月癸酉朔，此表失書。

〔五〕（太祖）三年　此年原闕，據文例補。按本書卷一太祖紀上是年二月丁酉朔，今據補。另，據通鑑目録卷二六及輯要卷八、陳表，是年（梁開平三年）閏八月癸亥朔，遼、梁同，此表失書。

〔六〕（太祖）五年　正月戊戌朔，「戊戌」，疑當作「丙戌」。按本書卷一太祖紀上作「丙戌」，舊五代史卷六梁太祖紀六、通鑑目録卷二六及輯要卷八、陳表皆同。又四年十二月丁巳朔，距戊戌計四十一日，距丙戌計二十九日。

〔七〕（太祖）六年　正月丙戌朔，「丙戌」，疑當作「庚辰」。按通鑑目録卷二六及輯要卷八、陳表，是年（梁乾化二年）正月庚辰朔。又五年十二月辛亥朔，距丙戌計三十五日，距庚辰計二十九日。另，據上引通鑑目録及輯要、陳表，是年閏五月戊申朔，遼、梁同，此表失書。

〔八〕（太祖）七年八年九年　此處原有太祖七年、八年、九年、十年、十一年共五欄，且七年二月書「甲戌儼」，八年十月書「甲子儼」，諸本皆同。按太祖十年二月已建元神册，則不當有十年、十一年。核以本書卷一太祖紀上、通鑑目録卷二六及輯要卷八、陳表，原九年、十年、十一年三欄實當爲七年、八年、九年曆日。蓋先是七、八兩年重出，後誤改重出之七年、八年爲九年、十年，又改九年爲十一年。今删去七年、八年兩欄，將原九年、十年、十一年改爲七年、八年、九年。又七年六月壬申注云：「梁庚寅，誤。」按太祖七年即梁乾化三年，通鑑卷二六八後梁紀三謂是年六月壬申朔，與遼同；而新五代史卷三梁末帝紀稱梁貞明元年（遼太祖九年）六月庚寅朔。蓋史官誤以太祖七年爲九年，遂謂「梁庚寅，誤」。另，據通鑑目録卷二六及輯要卷八、陳表，太祖九年閏二月壬辰朔，遼、梁同，此表失書。

〔九〕（神册元年二月）戊戌　疑當作「丙戌」。按本書卷一太祖紀上作「丙戌」，通鑑目録卷二六及輯要卷八、陳表皆同。又正月丙辰朔，距戊戌計四十二日，距丙戌計三十日。

〔一〇〕（神册元年十二月）壬戌　疑當作「壬午」。按通鑑目録卷二六及輯要卷八、陳表，是年（梁貞明二年）十二月壬午朔，遼、梁同。又十一月壬子朔，距壬戌僅十日，距壬午計三十日。

〔一〕（神册）二年　據通鑑目録卷二六及輯要卷八、陳表，是年（梁貞明三年）閏十月丁未朔，遼、梁同，此表失書。

〔二〕（神册）五年　據通鑑目録卷二七及輯要卷八、陳表，是年（梁貞明六年）三月癸亥朔、五月壬戌朔、六月辛卯朔、八月己未朔，遼、梁同。此年三月癸亥下注「儼誤，當作癸巳」及五月壬戌下注「儼誤，當作壬辰」，均以不誤爲誤；六月辛亥下注「儼誤，當作辛酉」，正文及注皆誤；八月己未下注「梁乙未誤」。按舊五代史卷九梁末帝紀中、新五代史卷三梁末帝紀均謂貞明五年八月乙未朔，是年爲遼神册四年，此處蓋誤當作五年，遂謂「梁乙未誤」。又三月癸亥朔後三十日爲癸巳，即四月朔日，五月壬戌朔後三十日爲壬辰，六月辛卯朔後三十日爲辛酉，壬辰至辛酉亦計三十日，皆有一月之差，疑元朝史官於校正此表時或有錯位。

〔三〕閏六月庚申儼大任　此八字原置於「五年」前，諸本皆同，今據文例移。以下依例徑改，不再出校。

〔四〕（神册）六年　據本書卷二太祖紀下、通鑑目録卷二七及輯要卷八、陳表，是年（梁龍德元年）三月丁亥朔、四月丁巳朔、五月丙戌朔、六月乙卯朔，遼、梁同。此年三月丁亥下注「儼誤，當作丁巳」及五月丙戌下注「儼誤，當作丙辰」，均以不誤爲誤；四月丁卯下注「儼誤，當作丁亥」，正文及注皆誤，又「當」字原闕，據文義補；六月「己卯」，當作「乙卯」。按三月丁亥朔後三十日爲丁巳，即四月朔日，又後三十日爲丁亥，五月丙戌朔後三十日爲丙辰，丁亥至丙辰亦計三十日，皆有一月之差，疑元朝史官於校正此表時或有錯位。

〔一五〕（天贊）二年　據本書卷二太祖紀下、卷四三閏考及通鑑目録卷二七、輯要卷八、陳表，是年（梁龍德三年）閏四月乙亥朔，遼、梁同，此表失書。

〔一六〕（天贊）四年　據通鑑目録卷二七及輯要卷八、陳表，是年（唐同光三年）閏十二月己丑朔，遼、唐同，此表失書。

〔一七〕（天顯）四年　八月丁丑朔，「丁丑」，疑當作「丁酉」。按舊五代史卷四〇唐明宗紀六、通鑑目録卷二七及輯要卷八、陳表，是年（唐天成四年）八月丁酉朔，遼、唐同。又七月戊辰朔，距丁丑僅九日，距丁酉計二十九日。

〔一八〕（天顯）八年　十二月癸卯下注「大任己巳，巽」，「己巳」，疑當作「乙巳」。按舊五代史卷四四唐明宗紀一〇、通鑑目録卷二八及輯要卷八、陳表，是年（唐長興四年）十二月癸卯朔，遼、唐同。又癸卯後二日爲乙巳，後二十六日爲己巳。

〔一九〕（天顯）九年　六月庚午朔，輯要卷八、陳表同，然本書卷三太宗紀上謂是年六月己巳朔。

〔二〇〕（天顯）十一年　本書卷三太宗紀上謂是年六月戊午朔，通鑑目録卷二八及輯要卷八、陳表皆同，此表失書。

〔二一〕（會同）二年　儼大任晉閏七月，「閏七月」下疑闕「庚午」二字。按舊五代史卷七八晉高祖紀四、通鑑目録卷二八及輯要卷八、陳表均謂是年（晉天福四年）閏七月庚午朔，遼、晉同。

〔二二〕（會同）六年　「六年」二字原闕，據明鈔本、南監本、北監本、殿本補。

〔二三〕陳　明鈔本、南監本同，蓋指陳大任。北監本作「東」，疑爲「陳」之誤。殿本作「晉」，恐係臆改。

〔二四〕大同元年　據本書卷五世宗紀、卷四三閏考及通鑑目録卷二九、輯要卷八、陳表，是年（漢天福十二年）閏七月癸丑朔，遼、漢同，此表失書。

〔二五〕九月改天禄元年　「禄」，原作一字空格，據殿本補。

〔二六〕漢癸酉　此三字原置於七月内，諸本皆同。按舊五代史卷一〇二漢隱帝紀中、通鑑目録卷二九及輯要卷八、陳表，是年（漢乾祐二年）六月癸酉朔、七月壬寅朔。今據移。

〔二七〕（天禄）四年　通鑑目録卷二九謂是年（漢乾祐三年）閏五月戊辰朔，然輯要卷八及陳表作丁卯朔，遼、漢同。此表失書。

〔二八〕（應曆）三年　據本書卷六穆宗紀上、通鑑目録卷三〇及輯要卷八、陳表，是年（周廣順三年）閏正月壬午朔，遼、周同，此表失書。

〔二九〕（應曆三年正月）壬午　疑當作「壬子」。按舊五代史卷一一二周太祖紀三、通鑑目録卷三〇及輯要卷八、陳表，是年（周廣順三年）正月壬子朔，遼、周同。又應曆二年十二月癸未朔，距壬午計五十九日，距壬子計二十九日。知此處蓋史官誤以閏正月壬午朔爲正月朔。

〔三〇〕（應曆三年三月）庚申　疑當作「庚辰」。按本書卷六穆宗紀上、舊五代史卷一一二周太祖紀

三、通鑑目録卷三〇及輯要卷八、陳表，是年（周廣順三年）三月庚辰朔，遼、周同。又二月辛亥朔，距庚申僅九日，距庚辰計二十九日。

〔三一〕閏九月　本書卷四三閏考同。據通鑑目録卷三〇及輯要卷八、陳表，是年（周顯德二年）閏九月丙申朔，遼、周同。此下疑闕「丙申」二字。

〔三二〕（應曆）十年　十月宋丁亥朔，「丁亥」，疑當作「丁卯」。按長編卷一建隆元年作丁卯，輯要卷八、陳表同。又九月戊戌朔，距丁亥計四十九日，距丁卯計二十九日。

〔三三〕（應曆）十二年　五月宋戊午朔，「戊午」，長編卷三建隆三年作丁巳，輯要卷八、陳表同。

〔三四〕（應曆）十四年　五月宋丙子朔，輯要卷八、陳表同，然長編卷五乾德二年作丁丑朔。

〔三五〕景宗保寧二年　十二月宋己巳朔，然據輯要卷八、陳表，是年十二月戊辰朔，遼、宋同。按長編卷一一開寶三年十二月戊子條下有注文稱「十二月二十四日辛卯」云，則當爲戊辰朔；又引十國紀年謂「十二月七日乙亥」，則當爲己巳朔。未知孰是。

〔三六〕（保寧）六年　宋閏十月己巳朔，「己巳」，疑當作「乙巳」。按開寶七年陁羅尼經幢及輯要卷八、陳表，是年閏十月乙巳朔。又十月乙亥朔，距己巳計五十四日，距乙巳計三十日。

〔三七〕（保寧）八年　是年各月錯位之處甚多，當易爲四月丁酉朔、五月丁卯朔、七月乙丑朔、八月乙未朔、十月癸巳朔、十一月癸亥朔、十二月癸巳朔。又七月乙丑朔、十月癸巳朔，本書卷八景宗紀上作七月丙寅朔，長編卷一七開寶九年作十月甲午朔；輯要卷八、陳表謂七月丙寅朔、十月甲午朔，遼、宋同。

〔三八〕（保寧）十年　六月宋甲寅朔、七月宋甲申朔、九月宋癸未朔，輯要卷八、陳表同。然據長編卷一九，是年（宋太平興國三年）七月乙酉朔，五月亦爲乙酉朔，可推知六月當爲乙卯朔。又長編九月甲申朔，玉海卷七三禮儀門燕饗太平興國進士賜宴條同。皆與此異。

〔三九〕乾亨元年　十二月宋丙午朔，輯要卷八、陳表同，長編卷二〇太平興國四年則作十二月丁未朔。

〔四〇〕（乾亨）二年　四月宋甲戌朔，太平興國五年上清太平宫碑作四月癸酉朔，輯要卷八、陳表同。

〔四一〕大任　此二字諸本皆另起行，與文例不合，疑此下或有闕文。

〔四二〕聖宗統和二年　三月宋辛亥朔，輯要卷八、陳表同，然太宗皇帝實録卷二九謂是年（宋太平興國九年）三月壬子朔。

〔四三〕（統和）三年　正月儼宋丙午朔、大任甲戌朔，本書卷一〇聖宗紀一與儼同。「甲戌」，疑當作「乙巳」。按輯要卷八、陳表，二年十二月丙子朔，距丙午計三十日，距甲戌計五十八日，距乙巳計二十九日。

〔四四〕（統和）六年　六月儼宋丙辰朔，七月乙酉朔，本書卷一二聖宗紀三是年六月有乙酉日，則七月當爲丙戌朔，與此異。

〔四五〕（統和）十一年　十月儼誤作甲申朔，宋閏十月甲申朔，本書卷一三聖宗紀四亦作十月甲申朔。按聖宗貴妃蕭氏墓誌謂統和十一年閏十月十六日庚子，知遼曆閏十月乙酉朔，則上一日甲申當爲十月末日，非十月朔。

〔四六〕（統和）十二年　二月宋癸未朔，長編卷三五淳化五年作甲申朔，與此異。

〔四七〕（統和）十三年　四月宋丙子朔，然據輯要卷八、陳表，是年四月丁丑朔，宋會要禮三一之一八引孝莊皇后哀册謂是年（宋至道元年）四月二十八日甲辰，則亦當爲丁丑朔。另，七月己巳朔，「己巳」，疑當作「乙巳」。按本書卷一三聖宗紀四作「乙巳」，輯要卷八、陳表同。又六月丙子朔，距己巳計五十三日，距乙巳計二十九日。

〔四八〕（統和）十七年　七月宋辛丑朔，「辛丑」，疑當作「辛巳」。按輯要卷八、陳表作「辛巳」。又六月壬子朔，距辛丑計四十九日，距辛巳計二十九日。

〔四九〕（統和）十九年　本書卷四三閏考，是年儼、大任閏十一月，卷一四聖宗紀五同，輯要卷八、陳表謂是年遼閏十一月戊戌朔。此表失書。

〔五〇〕開泰元年　宋閏十月己丑朔，「己丑」，疑當作「乙丑」。按長編卷七九大中祥符五年作「乙丑」，輯要卷八、陳表同。又十月乙未朔，距己丑計五十四日，距乙丑計三十日。

〔五一〕（開泰）三年　五月儼大任丙戌朔、宋乙酉朔，本書卷一五聖宗紀六作五月乙酉朔，與此異。

〔五二〕（開泰）四年　五月宋庚辰朔，輯要卷八、陳表同，然長編卷八四謂大中祥符八年五月辛巳朔。

〔五三〕（開泰）七年　三月宋乙未朔，長編卷九一天禧二年作甲午朔，輯要卷八、陳表同。

〔五四〕（開泰）九年　儼閏二月壬子朔，宋閏十二月丁未朔，本書卷四三閏考同。按是年遼、宋皆爲閏十二月丁未朔，參見卷四三曆象志中校勘記〔一五〕。蓋史官誤以遼閏二月，與宋閏十二月異，故以宋之三月當遼之閏二月，宋之四月當遼之三月，如此類推。知三月、四月、十二月下之注文皆因此誤而起。

〔五五〕（太平）九年　宋閏七月庚寅朔，「閏七月」疑誤。按本書卷四三閏考及長編卷一〇七天聖七年均作宋閏二月，輯要卷八、陳表亦謂是年閏二月庚寅朔。

〔五六〕（重熙）十一年　六月宋癸酉朔，宋史卷五二天文志五日食同。然王栐燕翼詒謀録卷五及通考卷二八三象緯考六日食均謂是年（宋慶曆二年）六月壬申朔，輯要卷八、陳表同，未知孰是。

〔五七〕（重熙）十三年　七月宋辛酉朔，然宋重修鎮國寺記謂是年（宋慶曆四年）七月庚申朔，輯要卷八、陳表同。

〔五八〕高麗　「高」字原闕，據文義補。按明鈔本、南監本、北監本、殿本皆無「高麗」二字。

〔五九〕（清寧）九年　九月宋己亥朔，輯要卷八、陳表同，然宋大詔令集卷九仁宗謚册謂是年（宋嘉祐八年）九月戊戌朔。

〔六〇〕（咸雍）三年　宋閏三月己卯朔，「三」，原作「二」。按長編卷二〇九治平四年及本書卷二二道宗紀二、卷四三閏考均作閏三月，輯要卷八、陳表亦謂是年閏三月己卯朔，遼、宋同。今據改。

〔六二〕（咸雍）六年　二月宋癸亥朔，長編紀事本末卷六八青苗法上及宋史全文卷一一熙寧三年均作二月壬戌朔，輯要卷八、陳表同。

〔六三〕大康元年　十二月宋己丑朔，司馬光集卷七九尚書駕部員外郎司馬府君墓誌銘作十二月戊子朔，輯要卷八、陳表同。按長編卷二七一熙寧八年及本書卷二三道宗紀三是年十二月己丑均未書「朔」，似當初二日，則應爲戊子朔。

〔六三〕（大康）三年　據本書卷四三閏考及卷二三道宗紀三，是年（宋熙寧十年）遼閏十二月，宋閏次年正月，輯要卷八、陳表亦謂是年遼閏十二月丁未朔。此表失書。

〔六四〕（大康）四年　宋閏正月丙子朔，「正」，原作「五」。按本書卷四三閏考謂儼閏三年十二月、宋閏四年正月，長編卷二八七元豐元年亦謂是年閏正月丙子朔，輯要卷八、陳表同。今據改。

〔六五〕（大安）二年　據長編卷三六八元祐元年及高麗史卷一〇宣宗世家，是年閏二月己丑朔，輯要卷八、陳表謂遼、宋同，此表失書。大安元年下注「缺一閏」，蓋即此。

〔六六〕（大安）九年　十二月宋甲辰朔，宋大詔令集卷一二宣仁聖烈謚册及輯要卷八、陳表同，然宋王公儀碑銘謂元祐八年十二月二十二日甲子，則當爲十二月癸卯朔。

〔六七〕（天慶）八年　宋閏九月庚戌朔，「九」，原作「五」。按宋大詔令集卷一二七（政和八年）閏九月月令謂是年閏九月庚戌朔，本書卷二八天祚皇帝紀二、卷四三閏考亦作閏九月，輯要卷八、陳表同。今據改。